havelbooks

Im Verlag havelbooks sind bereits erschienen ‚Neunundneunzig Mal Brandenburg an der Havel – Stadt am Wasser' und ‚Siebenundsiebzig Mal Babelsberg – Potsdams berühmter Stadtteil'.

HINWEIS: Namen werden im Buch i. d. R. nach den allgemeinen Rechtschreibregeln wiedergegeben, ohne Sonderschreibweise. Aufgrund des sehr begrenzten Platzes, ist eine gendergerechte Sprache zumeist nicht möglich. Kapitel, die zwei Tops beinhalten, zeigen dies in der Überschrift durch einen Trennbalken an. Die linke und die rechte Hälfte des Textes behandeln dann unterschiedliche Themen.   www.havelbooks.de

Sabine Kalinowski / Patrick Weber

Neunundneunzig Mal Hanau –

Bunte Stadt an Main und Kinzig

Gestaltung: Verlag havelbooks

ISBN 978-3-00-075488-3

Verlag havelbooks, Potsdam, 2023

www.havelbooks.de

NEUN UND NEUNZIG MAL

Hanau

Bunte Stadt an Main und Kinzig

Sabine Kalinowski & Patrick Weber

VORWORT

Hanau ist eine Stadt im Wandel – und eine, die den zweiten Blick lohnt. Denn die im dicht besiedelten Ballungsgebiet der Rhein-Main-Region gelegene Geburtsstadt der Gebrüder Grimm hat viele Gesichter.
Durch die nahezu vollständige Zerstörung der Hanauer Altstadt Ende des Zweiten Weltkriegs ist die Innenstadt durch eine typische westdeutsche Nachkriegsarchitektur geprägt. Projekte wie ‚Hanau baut um' gaben der Stadt jedoch an vielen Orten ein neues Gesicht. Auf dem Freiheitsplatz entstand das Einkaufszentrum ‚Forum', inklusive neuer Stadtbibliothek und anderer Kultureinrichtungen. Aus den alten Kasernen der US-Amerikaner, die in Hanau einen der größten US-amerikanischen Militärstützpunkte Europas unterhielten, wurden neue Wohnviertel. Und bis heute profitiert die Stadt von einer großen Wirtschaftskraft, die teils bis ins 17. Jahrhundert zurückreicht. Hier sind weltweit bedeutende Unternehmen beheimatet. In den 1980er Jahren war Hanau allerdings auch als Standort der Nuklearindustrie in den Schlagzeilen. Das ehemalige Gelände ist heute Industriestandort für neue Technologien.

Niemals vergessen werden darf der Anschlag im Februar 2020, bei dem neun Menschen aus rassistischen Motiven erschossen wurden. Die Initiative ‚19. Februar Hanau' setzt sich seitdem für eine Aufklärung der Tat, für Konsequenzen und die Erinnerung an die Ermordeten ein.

Seit 2021 ist Hanau die „kleinste Großstadt Hessens". Damals wurde die Marke von 100.000 Einwohnern erreicht. Ab 2026 will Hanau kreisfrei sein. Die Stadt wird sich also weiter verändern – und lädt zum Erkunden ein. Nicht alle spannenden, kreativen und neu belebten Orte springen Besuchern direkt ins Auge. Wohl bekannt sind hingegen die weitläufigen Fußgängerzonen, Schlösser und Parks, die Nähe zu Main und Kinzig – und nicht zuletzt die bunte Vielfalt der Bewohner sowie der fröhliche hessische Charme. Eigenschaften, die Hanau mittlerweile zu einem beliebten Wohnort und Ausflugsziel machen.

Dieses Buch soll (Ur-)Einwohner, Wahl-Hanauer und Besucher ermuntern, die Stadt (neu) zu entdecken oder vielleicht ja sogar zu ihrer neuen Heimat zu machen.

INHALT | KAPITEL

INHALT | KAPITEL

1 ALLER ANFANG

Von den ersten Siedlern bis zur (Alt-)Stadt Hanau

Seit Jahrtausenden prägen die Flüsse Main und Kinzig die Region rund um die Stadt Hanau. Mit dem Rückzug der letzten Eiszeitgletscher in den Norden verblieben die Flüsse als Rinnsal, die die Landschaft mit weitläufigen Wäldern, Wiesen und Sanddünen formten. Oft veränderten Main und Kinzig ihren Lauf und ließen Ablagerungen von Kies und Sand zurück. So entstand etwa nördlich von Hanau die ‚Hohe Straße', ein langgestreckter Rücken, der bis in den Vogelsberg reicht. Östlich bildeten sich waldreiche Auenlandschaften wie die Große Bulau. In der späten Altsteinzeit, vor mehr als 10.000 Jahren, ließen sich Jäger und Sammler am Main nieder. Später wurde man dauerhaft sesshaft hier, wie Funde von Linearbandkeramik in Hanau-Mittelbuchen aus der Jungsteinzeit (5700-4900 v. Chr.) zeigen. Keltische Siedlungsfunde wurden an der B43a bei Klein-Auheim gemacht. Doch als die Römer 83-85 n. Chr. die Wetterau unter ihre Kontrolle brachten und bei Kesselstadt ein Steinkastell anlegten → **71**, hatten die letzten keltischen Stämme ihre Siedlungen auf dem Glauberg oder im Taunus längst verlassen, ihre Macht war kollabiert. Chatten lebten an Fallbach, Kiesbach sowie Stellenbach und auch südlich des Mains hatten sich germanische Stämme niedergelassen.

Mit dem Zusammenbruch des Limes Mitte des 3. Jahrhunderts endete die römische Herrschaft rechts des Rheins. Das Hanauer Gebiet kam unter fränkische Herrschaft. Die meisten Ortsnamen mit Endungen auf -heim und -bach sind fränkischen Ursprungs. Ab dem 8. Jahrhundert setzte sich das Christentum durch. 764 wird das hessische Kloster Lorsch gegründet. In der Dokumentensammlung ‚Lorscher Kodex' sind zahlreiche Orte erstmalig erwähnt.

Im 12. Jahrhundert weisen Urkunden erstmals auf die Siedlung Hanau hin – und auf Tammo de Hagenouwa, der als erster Bewohner einer Wasserburg bekannt ist, die in den sumpfigen Kinzigauen auf einem Landrücken lag, dem Gebiet des heutigen Schlossgartens. Dabei bedeutet der Name Haag soviel wie umhegter Wald an der Au. Im Laufe der Jahre erweiterte man die Wasserburg zum Schloss und umgab die umliegenden Häuser auf dem Gebiet der heutigen Altstadt mit einer Mauer. 1303 erhielt Hanau das Stadtrecht. Bis zu seiner Schleifung → **67** war das Schloss Sitz der Hanauer Grafen.

Informationen zur Vor- und Frühgeschichte Hanaus auch im Museum Schloss Steinheim, Schlossstr. 9, 63456 Hanau, Öffnungszeiten Sa+So 11-17 Uhr | Informationen zur Stadtgeschichte Hanaus auch im Historischen Museum Hanau Schloss Philippsruhe, Philippsruher Allee 45, 63456 Hanau, Öffnungszeiten Di–So 11-18 Uhr | www.museen-hanau.de

2 HANAUER NEUSTADT
Ein zweites Zentrum entsteht

1597 unterzeichnete der junge Regent Philipp Ludwig II. von Hanau-Münzenberg einen Vertrag, die ‚Capitulation'. Dieser gewährte calvinistisch reformierten Glaubensflüchtlingen aus den spanischen Niederlanden (Flamen) und Nordfrankreich (Wallonen) das Recht, südlich der bisherigen Altstadt eine neue Stadt, die Neustadt, zu erbauen. Es entstand eine ‚Planstadt' im Schachbrettmuster, ein Novum in Deutschland, die mit einer eigenen Befestigung umgeben wurde. Ebenso gewährte der Graf den Neuankömmlingen das Recht auf freie Religionsausübung und die Gewerbefreiheit – im Gegensatz zu Frankfurt am Main, wo dies erst 250 Jahre später erfolgte. Philipp Ludwigs moderne Wirtschaftsförderung verhalf der Stadt Hanau zu einer wirtschaftlichen Blüte, die sie bis heute prägt. Die Immigranten brachten neue Technologien, Handelsbeziehungen und finanzielle Mittel mit. Rasch ließen sich Tuchmacher, Weber, Färber oder Goldschmiede hier nieder und das Druckereihandwerk erblühte. 1600 begannen die Bauarbeiten für einen schiffbaren Main-Kanal, der den Zugang zu Exportmärkten eröffnete (heute Heumarkt). Bereits 1608 fand der erste Gottesdienst in der Wallonisch-Niederländischen Kirche statt → **56**, die auf einer Sichtachse südlich zum Neustädter Markt liegt. Rund um den Marktplatz entstanden Patrizierhäuser reicher Hanauer Bürger. Ein Bauplatz an der nördlichen Seite blieb jedoch viele Jahre leer. Statt einer zunächst geplanten Börse entstand hier schließlich bis 1733 das Neustädter Rathaus. Im Zweiten Weltkrieg bis auf die Grundmauern zerstört, wurde es in den 1960er Jahren wieder aufgebaut – und u-förmig mit Verwaltungsgebäuden umstellt. Der barockartige Dachaufbau dieser Flachbauten erfolgte in den 1990er Jahren. Der Rathausturm ist eine Ergänzung aus dem Jahr 1755. Sein Glockenspiel erklingt täglich alle zwei Stunden. Ab 2018 wurde das Neustädter Rathaus grundsaniert. Heute tagt im 1. Stock die Stadtverordnetenversammlung und in den Obergeschossen der Magistrat sowie die Fraktionen. Das Foyer steht für Ausstellungen zur Verfügung. Kriegsbedingt ziert statt prächtiger Bürgerhäuser nun eine sachliche Randbebauung den Neustädter Marktplatz. Blickfang sind zwei gläserne Kuben, in denen sich Cafés befinden → **16** und das Nationaldenkmal der Brüder Grimm → **4**. Mittwochs und samstags findet hier der Hanauer Wochenmarkt statt → **9**.

Informationen zur Stadtgeschichte Hanaus auch im Historischen Museum Hanau Schloss Philippsruhe, Philippsruher Allee 45, 63456 Hanau, Öffnungszeiten Di – So 11-18 Uhr, www.museen-hanau.de

3 FREIHEITSPLATZ

Platz mit Historie und einem neuen Forum

Neben dem Neustädter Markt ist der Freiheitsplatz die zentrale Mitte Hanaus. Hier befand sich einst die frühneuzeitliche Stadtbefestigungsanlage, die eine gemeinsame Trennlinie mit der nördlich gelegenen Hanauer Altstadt und der südlichen Neustadt bildetete. Für eine Neugestaltung Hanaus ließ Erbprinz Wilhelm IX. von Hessen-Kassel die nicht mehr benötigte Stadtbefestigung 1765 einreißen und die trennenden Gräben füllen. Es entstand ein großer Platz. Ein hier geplanter Kasernen-Neubau wurde nie realisiert. Stattdessen entstand im Westen die ‚Esplanade', eine mit Linden bestandene Promenade für die Bürgerschaft, und östlich der ‚Paradeplatz', ein Exerzierplatz für das Militär. Am Ostrand des Platzes errichtete man zudem ein Kollegiengebäude für die Regierung der Grafschaft Hanau, das heute Sitz des Hanauer Finanzamts ist. Am Platz befanden sich weitere historische Gebäude, die teils im 2. Weltkrieg zerstört und später abgerissen wurden, wie etwa das barocke Hanauer Stadttheater – Hoftheater des Erbprinzen Wilhelm von Hessen-Kassel, das Zeughaus, oder das Geburtshaus der Brüder Grimm, das sich in etwa dort befand, wo heute das Haus Am Freiheitsplatz 3 steht. Nach dem Krieg wurde der Platz als Busbahnhof und Parkplatz genutzt. Im Rahmen des Wettbewerb- und Dialogverfahrens ‚Hanau baut um', das die Neugestaltung fünf historischer innerstädtischer Plätze vorsah, wurden ab 2008 unter teils kontroversen Diskussionen Vorschläge für die Umgestaltung und Bebauung des Freiheitsplatzes erarbeitet. 2013 begannen die Bauarbeiten, bei denen die Bastionsmauern der alten Festung zutage traten. 2015 eröffnete das ‚Forum Hanau', ein mächtiger Komplex aus fünf Gebäuden, die mit gläsernen Übergängen verbunden sind. Das Shopping-Center beherbergt auf 22.500 m^2 Verkaufsfläche und drei Etagen rund 90 Shops aller gängigen Marken sowie verschiedene Gastro-Stationen.

Teil des Ensembles ist das ‚Kulturforum', in dem die Stadtbibliothek mit einer Bühne und einem Lesecafé, das Stadtarchiv, ein Medienzentrum sowie die Büros des Hanauer Geschichtsvereins → **13** und der Wetterauischen Gesellschaft → **57** Platz fanden. Der angrenzende Busbahnhof wurde modernisiert. Verbindendes Element zwischen Platz und Forum ist das Denkmal ‚Moritz und das tanzende Bild' von Robert Schad für den Maler Moritz Daniel Oppenheim → **53**.

Informationen zur Stadtgeschichte Hanaus auch im Historischen Museum Hanau Schloss Philippsruhe, Philippsruher Allee 45, 63456 Hanau, Öffnungszeiten Di – So 11-18 Uhr, www.museen-hanau.de | Touristische Informationen: Hanau Laden, Am Freiheitsplatz 3, 63450 Hanau, Telefon 06181 5086817, hanauladen@hanau.de, Öffnungszeiten Mo-Mi + Fr-Sa 10-14 Uhr, Do 10-18 Uhr, www.hanau.de

4 DIE BRÜDER GRIMM

Namenspatronen mit Nationaldenkmal

Hanau ist die Geburtsstadt von Jacob und Wilhelm Grimm. Die weltberühmten Brüder waren nicht nur Märchensammler – auch wenn ihre Kinder- und Hausmärchen von der Auflage her nur von der Bibel übertroffen werden. Wegen ihres Deutschen Wörterbuchs gelten sie auch als Gründungsväter der deutschen Philologie und Germanistik.
In Hanau verbrachten Jacob und Wilhelm ihre frühen Kinderjahre. Die Familie ist hier seit dem 16. Jahrhundert nachweisbar. Urgroßvater Friedrich Grimm war 42 Jahre lang Pfarrer an der Marienkirche. Vater Philipp Wilhelm Grimm war als Hofgerichtsadvokat und Stadtschreiber tätig, ehe er als Amtmann 1791 nach Steinau berufen wurde und die Grimms umzogen.
Jacob und Wilhelm Grimm erlebten eine behütete Kindheit und hatten sieben Geschwister, von denen ihr ebenfalls in Hanau geborener „Malerbruder" Ludwig Emil auch überregionale Bekanntheit erlangte. In die Hanauer Zeit fällt auch der Kontakt zu einer der prominentesten Zuträgerinnen für die berühmte Kinder- und Hausmärchensammlung: Marie Hassenpflug, die von 1789 bis 1799 am Neustädter Markt wohnte, und die Jacob und Wilhelm zahlreiche alte überlieferte Geschichten zu erzählen wusste. Nach ihrer Jugendzeit in Steinau an der Straße zogen die Brüder nach Kassel, studierten in Marburg und wirkten als Professoren in Göttingen und Berlin. Sie waren engagierte Demokraten. 1848 etwa wurde Jacob Abgeordneter der ersten deutschen Nationalversammlung, dem Paulskirchenparlament in Frankfurt.
Hanau ehrt die Grimms seit langer Zeit. 1896 wurde das Brüder Grimm Nationaldenkmal des Münchner Künstlers Syrius Eberle auf dem Neustädter Markt enthüllt. Die Stadt setzte sich damit als Aufstellungsort gegenüber den weiteren Lebensstationen der Brüder durch. Das viel fotografierte Monument ist auch Ausgangspunkt der rund 600 km langen Deutschen Märchenstraße, die von Hanau bis nach Bremen führt.
Zudem verleiht die Stadt im Namen der Grimms diverse Kulturpreise. Es gibt einen Hanauer Märchenpfad und seit 1985 die ‚Brüder Grimm Festspiele' → **27**, die, ebenso wie seit 2019 das Mitmachmuseum ‚Grimms Märchen Reich' im Schloss Philippsruhe → **28** jährlich tausende Besucher anziehen. 2006 verlieh das Land Hessen der Stadt Hanau die offizielle Bezeichnung ‚Brüder-Grimm-Stadt', mit der man seitdem wirbt.

Jacob Grimm (1785-1863), Wilhelm Grimm (1786-1859) |
Informationen zu Leben, Werk und zur Entstehungsgeschichte des Nationaldenkmals der Brüder Grimm auch im Mitmachmuseum ‚Grimms Märchen Reich' im Schloss Philippsruhe, Philippsruher Allee 45, 63450 Hanau, Öffnungszeiten Di-So 11-18 Uhr, museen-hanau.de

JACOB
UND
WILHELM
GRIMM

5 BUNTE VIELFALT IN DER EINHEIT

Die sechs Stadtteile

Hanau ist, gemessen an seiner Bevölkerungszahl, die kleinste Großstadt Hessens – mit viel Potential. Sie liegt im Osten des Rhein-Main-Gebiets, dem Ballungsraum der Metropole Frankfurt und gehört verwaltungstechnisch zum Main-Kinzig-Kreis, dem bevölkerungsreichsten Landkreis Hessens.
Doch das soll sich ändern. Den Vorsitz als Hauptstadt des Landkreises hat man bereits 2005 an Gelnhausen abgegeben, denn Hanau strebt bis 2026 die Kreisfreiheit an. Aufgrund ihrer Wirtschaftskraft kommt der Stadt schon jetzt als eines von zehn hessischen Oberzentren eine besondere Bedeutung zu. Zwischenzeitlich wurde die Einwohnerzahl von 100.000 erreicht – ab dieser Größe ist per Antrag die Kreisfreiheit möglich. Eine kreisfreie Stadt erfüllt die Aufgaben der unteren Verwaltungsbehörde des deutschen Staates, die bisher durch den Regierungsbezirk Darmstadt wahrgenommen werden, gleich selbst. Neben stadtbezogenen Aufgaben, wie etwa Straßenbeleuchtung oder Stadtentwicklung, gehören dann landkreisähnliche Aufgaben etwa aus dem Bereich Schule, Jugendhilfe oder Regionalmanagement dazu. Der Oberbürgermeister einer kreisfreien Stadt ist einem Landrat gleichgestellt. Bis zur Kreisfreiheit ist Hanau ‚Kreisstadt mit Sonderstatus'.
Die Einwohner der ‚Brüder-Grimm-Stadt' verteilen sich auf das innerstädtische Zentrum bestehend aus den Ortsbezirken Innenstadt, Nordwest und Lamboy sowie auf die sechs Stadtteile Kesselstadt, Großauheim, Mittelbuchen und Wolfgang sowie südlich des Mains auf Klein-Auheim und Steinheim am Main. Alle diese Stadtteile, die zumeist in den 1970er Jahren eingemeindet wurden, tragen mit ihren charakteristischen Eigenheiten zur bunten Vielfalt Hanaus bei: vom ältesten Stadtteil Mittelbuchen im Norden → **79** bis zum größten Stadtteil Großauheim → **73** mit dem Museum für Kunst- und Industriegeschichte, über das pittoreske Kesselstadt → **68** mit seinen Fachwerkhäusern, Steinheim mit seiner einladenden Altstadt und dem Schloss → **69**, Klein-Auheim mit dem Wildpark ‚Alte Fasanerie' oder der Kulturstätte ‚Radwerk' → **77** bis zum Stadtteil Wolfgang → **80** und dem Ortsbezirk Lamboy → **90**, die als ehemalige Kasernenstandorte oder Ausgehviertel der hier stationierten US-Army-Angehörigen überregional bekannt wurden. Jeder Bezirk und Stadtteil Hanaus ist einen Besuch wert.

Touristische Informationen gibt es im Hanau Laden, Am Freiheitsplatz 3, 63450 Hanau, Telefon 06181 5086817, hanauladen@hanau.de, Öffnungszeiten Mo-Mi + Fr-Sa 10-14 Uhr, Do 10-18 Uhr, Informationen zu den Stadtteilen: hanau.de/sehenswert/stadtteile

Großauheim, Wasserturm

Klein-Auheim, St. Peter und Paul

Lamboy-Viertel

Hanau Wolfgang, Pulvermühle

6 LEBEN AM FLUSS

Zwischen Main und Kinzig

Die Kinzig und der Main sind die Lebensadern Hanaus. Seit Jahrtausenden nutzen die Bewohner den breiten Main als Wasserspender, fischreiche Nahrungsquelle und Transportweg. Heute bevölkern bei schönem Wetter Erholungssuchende die Mainwiesen, die viel Platz für Ballspiele und sonstige Outdoor-Aktivitäten aller Art bieten. Spielplätze, Liegewiesen und Radwege entlang des Mainufers laden zum Freizeitvergnügen ein.
Hanaus Herz schlägt aber seit jeher auch an der Kinzig. Das Einflussgebiet der Herren von Hanau erstreckte sich auf breite Teile des Kinzig-Flusstals. Der Adel besaß Burgen in Steinau und Schwarzenfels und verfügte über Eigentumsrechte in Gelnhausen und Schlüchtern. Durch das Kinzigtal führte die ‚Reichsstraße', der wichtige Handelsweg, der die Messestädte Leipzig und Frankfurt verband. Heute lädt das malerische Flüsschen zu Fahrten mit dem Ruderboot und Radtouren an den baumbewachsenen Ufern ein. Aus dem Waldgebiet der Bulau kommend → **96** schlägt die Kinzig einen weiten Bogen um die Hanauer Altstadt – die ‚Krumm Kinz' nennen die Hanauer diesen Flussabschnitt – und fließt dann durch einen Grünzug mit Wiesen, Gärten und einem kleinen Auenwäldchen stetig dem Main entgegen. An der Mündung in den Main, direkt an Hellerbrücke und Philippsruher Allee, ankern Kanus und Tretboote, mit denen man diesen romantischen Flussabschnitt der Kinzig bis zum Wehr erkunden kann. Wenn man nicht zu lange den sich auf den Baumstämmen räkelnden Schildkröten oder dem Eisvogel zuschaut, kann man die Strecke hin und zurück in einer Stunde schaffen.
Will man den Main mit dem Boot erkunden, steuert man am besten flussaufwärts. Die Strömung erfordert zwar etwas Kraft, doch dafür lässt sich danach das Boot gemütlich zum Anleger zurücktreiben. Es ist ratsam, in Ufernähe zu bleiben, um den großen Schiffen auszuweichen. Links, am eisernen Kran von 1903, stieß einst ein Kanal, der die Hanauer Neustadt mit dem Main verband, in den Fluss. Nach dem Krieg wurde er mit Trümmern verfüllt. Linker Hand passiert man auch die Bootshäuser der Hanauer Rudergesellschaft 1897 und des Hassia Ruderclubs 1904. Hinter den Bahn- und Straßenbrücken öffnet sich der Hanauer Hafen → **86** und weiter flussaufwärts erreicht der Bootfahrer den alten Mainarm am Schloss Steinheim. In der Gastronomie in Ufernähe oder bei den Ruderclubs lässt sich eine Stärkung einnehmen.

Aqua Fun Bootsverleih Hanau, Ausleihe von Kanus, Tretbooten und führerscheinfreien Motorbooten, Philippsruher Allee an der Kinzigmündung, 63456 Hanau, Tel. 06101 1011 (keine Reservierungen möglich), Öffnungszeiten Di-Sa 14-19 Uhr, So+Feiertage 10-19 Uhr | Tipp: Aussichtspunkt ‚Mainbalkon' an der Kinzigmündung

7 DER ALTSTÄDTER MARKT

Zentrum des alten Hanau

Alteingesessene Hanauer sprechen ganz selbstverständlich von der Altstadt und der Neustadt. Allerdings ist der Zugang zum Altstadtviertel für so manche Besucher, die sich vielleicht eher auf die Einkaufsstraßen der Neustadt konzentrieren, nicht auf den ersten Blick erkennbar.
Das Shoppingcenter ‚Forum Hanau' im Rücken, begibt man sich nördlich vom Freiheitsplatz in die Marktstraße – und damit in die nach dem Krieg schwer beschädigte und neu erbaute Altstadt. Eine Linie im Boden markiert den Verlauf der einstigen Stadtmauer.
Traditionsreiche Läden wie der ‚Florist Holzschuh', das ‚Weinhaus Gies', die Bar ‚Whisky à go-go' oder ‚Link's Musicstore' säumen den Weg, der direkt zum Altstädter Markt führt. Der idyllische Platz wird vom imposanten Fachwerkbau des ehemaligen Altstädter Rathauses und heutigen Deutschen Goldschmiedehaus dominiert. In dem um 1537 erbauten Gebäude tagte oben der Rat der Stadt und in den Gewölben des damals offenen Erdgeschosses herrschte, ebenso wie auf dem Marktplatz davor, buntes Markttreiben – bis zur Eröffnung des neuen Markts in der Hanauer Neustadt. Außen am Gebäude ist noch heute die ‚Hanauer Elle' (54,38 cm) zu sehen, einst offizielle Maßeinheit zum Abmessen von Tuch. Verurteilte Delinquenten mussten hier am Pranger stehen, auch wenn das heutige Halseisen ein vergrößertes Replikat ist. Später residierte hier das kurfürstliche Landgericht, eine Schule und ab 1902 das Museum des Hanauer Geschichtsvereins. 1942 wurde es als Deutsches Goldschmiedehaus eingeweiht – jedoch am Ende des Zweiten Weltkriegs zerstört. Von 1955 bis 1958 erfolgte der Wiederaufbau.
Umsäumt ist der Marktplatz von vielfältiger Gastronomie: Im ‚Deins' lädt man zum Genuss raffinierter Gerichte und im ‚Doña Eva' zu peruanischen Spezialitäten ein. Gemütlich geht es im Café Bricks zu. Einige Schritte weiter führt die Graf-Philipp-Ludwig-Straße zur ‚Trattoria da Stefano' inklusive Vinothek und mündet schließlich in den Schlossplatz, wo sich der Congress Park Hanau, der Fronhof mit der Wirtschaft ‚Kanne Ebbelwoi' sowie das indische Restaurant ‚Soul Tikka' befinden. Der Schlossgarten samt Biergarten ‚Adelheid' schließt sich an.
Im Altstadtviertel findet, neben Lamboyfest → **90**, Bauern- und Schlemmermarkt, Street Food Markt und einem Jazz-Event, auch die beliebte Veranstaltungsreihe ‚Abendgold' statt.

florist-holzschuh.de | weinhaus-gies.de | whiskyagogo.de | linkmusic.de | goldschmiedehaus.com deins-hanau.de | doñaeva.de | instagram.com/bricks_coffee.with.friends | trattoria-da-stefano-hanau.restaurant-king.de | cph.de | kanneebbelwoi.de | adelheidvonhanau.de | hanau.de/freizeit/veranstaltungsreihen/lamboyfest | menschen-in-hanau.eu/event-pro/bauern-und-schlemmermarkt | facebook.com/StreetfoodMarktHanau | igha.de | hanau-erleben.de

8 SPEZIALITÄTEN UND FEINKOST

Gut Essen & Trinken

Ein traditioneller Treffpunkt für Spanienfreunde ist das ‚Casa Ana'. Um die Theke, eine hölzerne Barke unter Glas, stapeln sich Kartons mit Süßigkeiten. Drei Stufen aufwärts geht es, entlang von Regalen mit Oliven, Artischocken oder Honig, zu den mit Schinken, Fisch und anderen Köstlichkeiten prall gefüllten Frische- und Kühltheken. Dazu gibt es ausgesuchte Weine und Spirituosen. Im Sommer kann man draußen bei einem Glas Wein frische Tapas genießen.

Noch recht neu ist der Lebensmittelladen ‚Gaumenschmeichler' im Hanauer Stadtteil Großauheim. Der passionierte Jäger und Imker Sascha Scheuermann bietet hier Produkte aus der Wetterau an: von Honig, Obst, Gemüse, Marmeladen und Spirituosen über Milchprodukte bis zu Ölen, Essigen, Eiern und Fleischprodukten vom selbst erlegten Wild. Das Angebot ist größtenteils aus biologischem Anbau und nachvollziehbarer regionaler Herkunft. Darüber hinaus legt man hier Wert auf möglichst unverpackte Lebensmittel.

Im ‚Vom Fass Hanau' in der Hammerstraße gibt es nicht nur Öle und Essige, sondern auch ausgewählte Spirituosen und Feinkost. Die Produkte stammen aus der hauseigenen Manufaktur oder von ausgesuchten Betrieben, vieles in Bio-und Fair-Trade-Qualität. Auch hier wird Nachhaltigkeit groß geschrieben.

Mit einem Shop-in-Shop Konzept macht das Gastronomenpaar Leroy auf sich aufmerksam. Kulinarische Köstlichkeiten von Marmeladen, Aufstrichen und Weinen bis zu Essigen und Ölen findet man im Leroy's, das im Obergeschoss des Modehauses Müller-Ditschler seine Produkte präsentiert. Freitags und samstags sind Petra und Jörg Leroy persönlich vor Ort und verköstigen ihre Gäste. Jeden 1. Samstag im Monat gibt es Austern & Champagner. An allen anderen Freitagen und Samstagen bieten die Leroys neben einem leckeren Tapasbrett ein weiteres exklusives Gericht an.

In der ‚Brasini Caffé-Bar' am Freiheitsplatz, einem kleinen Stehcafé mit einigen Außenplätzen, kann man nicht nur sein Getränk vor Ort genießen, sondern aus über 48 Sorten Wacker-Kaffee der traditionsreichen Frankfurter Rösterei, den Lieblingskaffee für zu Hause erwerben. Auch gibt es 60 Sorten Ronnefeldt Tee, Confiserien und Kaffee-Zubehör.

Casa Ana, Hirschstr. 19, casaana.de | Gaumenschmeichler, Hauptstr. 42 (63457 Hanau Großauheim), gaumenschmeichler.eu | Vom Fass Hanau, Hammstr. 6, vomfass.de/hanau | Leroy's Kulinarisches & Schönes, im Modehaus Müller-Ditschler, 1. Etage, Rosenstr. 14, leroy-feiern.de, das Ehepaar Leroy ist Fr+Sa 10-16 Uhr vor Ort. | Brasini Caffé-Bar, Am Freiheitsplatz 3, facebook.com/BrasiniCaffe

Juliane Schmidt in der Brasini Caffé Bar

Maria de Leonardis & Begoña Alvarez im Casa Ana

Petra Leroy in ihrem ‚Shop im Shop': Leroy's

9 MARKTTREIBEN

Der Wochenmarkt & Weihnachtsmärkte

Immer Mittwoch und Samstag zwischen 6 und 14 Uhr wird der Neustädter Marktplatz vor dem Rathaus zum Treffpunkt. Zwischen Obst-, Gemüse- und Blumenständen rund ums Brüder-Grimm-Denkmal oder vor den Fleisch- und Imbisswagen trifft man sich zum Einkaufen oder zu einem Schwatz. Aus den umliegenden Geschäften und Büros strömen Angestellte herbei, um hier ihre Mittagspause zu verbringen.

Der Hanauer Wochenmarkt zählt nicht nur zu den größten Hessens, sondern auch zu den ältesten. Bereits 1303 vergab König Albrecht I. von Habsburg das Marktprivileg an Ulrich I. von Hanau für die Abhaltung eines Markttages am Mittwoch. 1616 genehmigte Gräfin Catharina Belgia von Hanau-Münzenberg den Samstag als zweiten Markttag.

Auf den gut 5000 m^2 haben bis zu 100 Verkaufsstände Platz. Viele von ihnen sind seit Jahrzehnten dabei, wie etwa Elsbeth und Vubbi: Die Familie von Elsbeth Keim begann vor über 50 Jahren mit dem Verkauf von Geflügel- und Lammfleisch, bevor sich Elsbeth auf Käse spezialisierte. An ihrem Stand bietet sie, gemeinsam mit Sohn Rainer, neben den Käsespezialitäten „die besten Handkäs'-Brote weit und breit" an. Helmut ‚Vubbi' Vulpius kommt vom Roßdorfer Kartoffelhof und half schon als Fünfjähriger beim Verladen mit. Damals fuhren seine Eltern noch mit dem Pferdewagen zum Hanauer Wochenmarkt. Den Hof hat er inzwischen an Sohn Frank übergeben. Am Kartoffel-, Obst- und Gemüsestand steht Vubbi aber noch immer. Elsbeth & Vubbi sind Botschafter des Hanauer Wochenmarkts und avancierten zu richtigen You-Tube-Stars. In liebenswert hessischer Mundart berichten sie auf ihrem Videokanal über Neuigkeiten vom Markt und stellen verschiedene Händler vor.

Ab Ende November beherbergt der Neustädter Marktplatz Hessens größten Weihnachtsmarkt. Zahlreiche Stände, ein nostalgisches Riesenrad und Karussell, ein Musikprogramm sowie der Künstlerweihnachtsmarkt im Foyer des Neustädter Rathauses sorgen für Festtagsstimmung. Ab 1. Dezember verwandelt sich das Neustädter Rathaus zudem in Hessens größten Adventskalender. Der Hanauer Künstler Joerg Eyfferth bringt dann die 24 Fenster des Gebäudes mit Motiven der kommenden ‚Brüder Grimm Festspiele' zum Leuchten und der Hanauer Wochenmarkt zieht auf den Freiheitsplatz.

Wochenmärkte finden ebenso in den Hanauer Stadtteilen Großauheim (donnerstags) und Steinheim (freitags) statt. | Kleinere romantische Weihnachtsmärkte gibt es auch in vielen Hanauer Stadtteilen | Informationen zu allen Wochen- und Weihnachtsmärkten: hanau.de und hanau-erleben.de | Videos von Elsbeth & Vubbi: u.a. auf facebook.com/hanauerleben

Albrecht - Nix

10 HANAU NEU GESTALTEN

Geschäftsideen für die Stadt

Hanau ist bekannt für seine Shoppingmeilen in der Neustadt, für die kleinen individuellen Geschäfte in der Altstadt, für seine lebendigen Stadtteile – und bleibt hier stets im Wandel. Im Rahmen städtebaulicher Entwicklungsmaßnahmen wurden und werden Straßen und Plätze der Stadt neu gestaltet. Eine 2019 beschlossene Vorkaufsrechtssatzung ermöglicht es der Stadt zudem, aktiv Einfluss auf die Ausrichtung der innerstädtischen Immobilien zu nehmen. Und mit dem Programm ‚Hanau aufLADEN' entstand ein Konzept, das nicht nur dem Leerstand von Ladengeschäften entgegenwirkt, sondern kreativen Ideen für neue Ladenkonzepte in Form von ‚Pop-Up-Projekten' Raum gibt. Finanzielle Beihilfen, Coachings und das Netzwerk ‚Komplizen' sollen helfen, um aus den zeitlich begrenzten Pop-Up-Läden permanente Geschäftsideen zu machen.

Ein Beispiel für eine innerstädtische Aufwertung ist etwa die neu gestaltete Lindenstraße, eine Verbindungsachse vom Neustädter Markt zum ebenfalls neugestalteten Platz an der Wallonisch-Niederländischen Kirche:

Im Rahmen des Konzepts ‚Hanau aufLADEN' eröffnete die gebürtige Finnin Annika Borisov ihr Geschäft ‚Little Finland' in der Lindenstraße – und entschloss sich zu bleiben. In ihrem hell eingerichteten Laden bietet sie finnische und nordische Spezialitäten an, wie Salmiak-Wodka oder Beerenlikör, Fleischkonserven von Bär, Hirsch und Rentier, aber auch Deko, Schürzen, Socken sowie Küchen- und Saunazubehör. Einen Cafébereich zum Verweilen gibt es ebenso.

Im ‚Weltladen', seit über 10 Jahren vor Ort, ist man froh über die Neugestaltung der nun verkehrsberuhigten Lindenstraße. Fair gehandelter Kaffee und Tee, Kakao, Schokolade und Gewürze laden zu einer kulinarischen Weltreise ein. Die Kunden erwartet außerdem eine große Vielfalt an Handwerksprodukten, Deko und Textilien aus Afrika, Asien und Lateinamerika, hergestellt unter fairen Bedingungen.

Einen Besuch wert ist zudem an der Ecke zur Römerstraße der ‚Mittendrin' Laden des Behinderten-Werks Main-Kinzig. Gab es hier zu Beginn offene Essige und Öle, entwickelte man das Konzept zu einem Unverpacktladen weiter. Von Nudeln über Müsli bis zu Reinigungsmitteln können sich die Kunden plastiksparend alles abfüllen lassen. Beratung und Verkauf werden teils von Menschen mit Behinderung übernommen.

---

littlefinland.de/16-shop-cafe-in-hanau | weltlaeden.de/hanau | mittendrin-hanau.de | Teilnehmende Pop-Up-Projekte des Stadtentwicklungsprogramms ‚Hanau aufLADEN' und Informationen zu weiteren Hanauer Geschäften unter hanauaufladen.jetzt

Der Mittendrin-Laden

Weltladen Hanau

Annika Borisov im ‚Little Finland'

11 HANAUER EVERGREENS

Institutionen mit Vergangenheit und Zukunft

Betritt man das Geschäft ‚Farben-Dell' in der Rosenstraße und biegt rechts ab, eröffnet sich eine Welt der Kunst. Bekannte Motive berühmter Maler wechseln sich ab mit Abbildungen eher unbekannterer Natur. Alle Kunstdrucke können von Tischler Ingo Sprenger mit den unterschiedlichsten Rahmen nach individuellen Wünschen gerahmt werden. Rund 800 Leisten stehen in der großräumigen Werkstatt zur Verfügung – mit unendlich vielen Kombinationsmöglichkeiten. Aber auch Papier, Karten, Kreidefarben und das sonstige Sortiment eines Künstlerbedarf-Fachhandels stehen zur Verfügung. Seit 2006 führt Evelin Dell das traditionsreiche Geschäft ihres Vaters fort, das 1953 als Farben- und Tapetenhandel eröffnete.

Bereits Vater Franz eröffnete die ‚Schuhmacherei Zitterbart' und stellte Schuhe nach Maß her. Als er seine Gesellen aufgrund von Geldknappheit entlassen musste sprang Sohn Gotthold ein. Mit 14 Jahren begann er seine Lehre im Geschäft des Vaters in der Herrnstraße. 1957 war das. Später machte er seinen Meister. Doch Maßschuhe waren bald nicht mehr gefragt und so verlegte sich Gotthold Zitterbart, neben dem Reparieren, auf den Verkauf von Schuhen. Beides macht er bis heute, mit über 80 Jahren. Direkt am Laden zweigt die Langstraße ab. Am anderen Ende führt hier sein Sohn, Schuhmachermeister Andreas Zitterbart, ein eigenes Geschäft. Neben Schuhreparaturen werden dort auch Gürtel mit kreativen Schnallen angeboten.

Ein Traditonshaus in Sachen Blumen ist das Geschäft ‚Florist Holzschuh' in der Altstadt. Seit 1876 werden sie hier verkauft und für verschiedenste Anlässe arrangiert. Auch Accessoires aus Glas, Keramik sowie florale Geschenkideen, etwa mit Wein oder Sekt oder das ‚Blumen-Abo' sind Verkaufsschlager. Inmitten des Blütenglücks lässt es sich im ‚Café Floral' bei Kaffeespezialitäten aus fairem Handel, Brause aus der Region oder einem Prosecco verweilen, im Sommer auch draußen. Mit etwas Glück reicht der Chef persönlich, Dieter Holzschuh, das Getränk über den Tresen.

Liebhaber feiner Zigarren, schmokender Pfeifen sowie leckerer Spirituosen und Schokoladen sind in der Pfeifenstube Heck bestens aufgehoben. Bereits in 3. Generation wird in der Rosenstraße rund um den edlen Genuss beraten.

Farben-Dell, Rosenstr. 12, 63450 Hanau, farben-dell.de | Schuhmachermeister Gotthold Zitterbart, Herrnstr. 15 sowie Andreas Zitterbart, Langstr. 52, 63450 Hanau, schuhmacher-hanau.de | Florist Holzschuh, Marktstr. 7, 63450 Hanau, florist-holzschuh.de | Pfeifen-Stube Heck, Rosenstr. 15, 63450 Hanau, pfeifen-stube-heck.de

Gotthold Zitterbart bei der Arbeit

Farben-Dell

Florist Holzschuh

12 ZWEI MAL WEIN & EINKEHR

Weinhaus Gies | Zur alten Scheune

Wenn in Hanau Markttag ist, Mittwoch und Samstag, dann öffnet auch das Weinhaus Gies in der Altstädter Marktstraße bereits am Vormittag seine Pforten. Schon bald lassen sich die ersten Gäste an den Holzfässern oder Tischen nieder. Manche von ihnen haben sich ihr Brot, Wurst oder Käse vom Markt und sogar ein Brettchen sowie Besteck selbst mitgebracht. Dazu bestellen sie einen Schoppen Wein. Damit folgt man hier einer selten gewordenen Tradition in Weinschänken. Über die Theke geht der Wein im 0,25 l Schoppenglas, der aus deutschen Anbaugebieten, vor allem aus der Pfalz, aber auch aus Rheinhessen, Franken, Württemberg und Baden stammt. Bereits seit 1957 gibt es das Weinhaus Gies in Hanau, das eine Filiale der Pfälzer Weinkellerei Alfons Gies & Sohn in Neustadt an der Weinstraße ist. Damals lag es noch am Ballplatz 10. Das dortige kriegszerstörte Haus befand sich erst im Wiederaufbau. Der Weinverkauf des Winzers Gies begann deshalb direkt davor. Auf hölzernen Kisten saßen die Gäste und tranken ihren ‚Pälzer Schoppe'.

2002 wurde das Weinhaus an Monika und Ralf Petry übergeben, die es seitdem mit viel Herzblut weiterführen.

Weine von Winzern aus dem benachbarten Hörstein, Kröv an der Mosel oder Gönnheim in der Pfalz, servieren Kerstin und Jürgen Koppke in ihrem 2022 eröffneten Weinlokal ‚Zur alten Scheune' im Hanauer Stadtteil Großauheim. Das Paar hat sich damit einen langgehegten Traum erfüllt. Alles begann mit dem Großvater von Kerstin, Albert Hain. Er machte aus einem Bauernladen den berühmten ‚Frischmarkt Hain'. 1970 übernahm Sohn Horst das Geschäft und erweiterte das Sortiment mit Fisch und mediterranen Spezialitäten. 2021 beteiligte man sich erstmals am Rochusmarkt, dem alljährlichen Großauheimer Straßen- und Gewerbemarkt, und schenkte im Innenhof aus. Im Herbst 2022 begannen die Umbauarbeiten im Laden. Obst, Gemüse, Lebensmittel aus Italien und Spanien, Wurstspezialitäten aus dem Vogelsberg und die „dicksten Eier" Großauheims wurden beibehalten, der Rest machte Platz für das neue Weinlokal. Großen Anklang finden etwa die ‚Wein-Probierbretter', dazu werden Tapas, Flammkuchen aber auch traditionelle hessische Gerichte wie Handkäs, grüne Soße oder Heringssalat gereicht. Beliebt sind auch kulinarische Spezialabende mit italienischen oder spanischen Leckereien.

Weinhaus Gies, Marktstr. 11-13, 63450 Hanau, Öffnungszeiten Di+Do+Fr 15-21 Uhr, Mi 11-21 Uhr, Sa 11-18 Uhr, weinhaus-gies.de | Zur alten Scheune, Krotzenburger Str. 5, 63457 Hanau, Öffnungszeiten Gastronomie 17-22 Uhr, facebook.com/ZuraltenScheune und facebook.com/FrischmarktHain

Das Team vom Weinhaus Ries (rechts: Monika Petry)

Probiergläser in der ‚Alten Scheune'...

... von Jürgen und Kerstin Koppke

13 HISTORISCHES & EIN GRAUBURGUNDER

Der Hanauer Geschichtsverein und sein Rebsaft

Der Hanauer Geschichtsverein 1844 e.V. (HGV) ist einer der ältesten Geschichtsvereine in Hessen. Er widmet sich der Erforschung der Geschichte von Stadt und Grafschaft Hanau. Eine besondere Tradition besitzt die Archäologie im Verein. Zu seinen Tätigkeitsschwerpunkten zählen die Erstellung von Publikationen sowie die Durchführung von Vorträgen, Ausstellungen und Studienfahrten. Ein großer Teil des Bestands im Museum Schloss Philippsruhe befindet sich im Eigentum des HGV. Mehrere Arbeitsgemeinschaften des Vereins laden zur aktiven Mitarbeit ein. Eine davon ist die ‚AG Wingert', die seit 2009 im Weinbau tätig ist.

Voraussetzung für die offizielle Genehmigung zur Anlage von zunächst 99 ‚Ruländer'-Rebstöcken war das Auffinden einer Karte aus dem 18. Jahrhundert im Staatsarchiv Marburg. Darauf ist die Lage des ehemaligen Kesselstädter Wingerts mit 38 Morgen westlich des Philippsruher Schlossgartens im Gebiet der heutigen Kleingärten verzeichnet. Zwar brachten schon die Römer Wein nach Germanien und wohl auch in die Siedlung am Salisberg → **71**. Doch in den folgenden Jahrhunderten wurde der Weinbau nicht praktiziert. Erst im 9. Jahrhundert werden wieder ‚Wingerte', also Weinberge, etwa bei Hochstadt und Bischofsheim urkundlich erwähnt und der Weinbau erlebt eine Renaissance. Im 16. Jahrhundert wird von Weingärten in den um Hanau liegenden Orten bis nach Hörstein und eben auch beim Dorf Kesselstadt berichtet. Eine lokale Weinmeisterrechnung von 1605 nennt 5 Fuder, 5 Ohm und 11 Viertel Wein, umgerechnet über 5.300 Liter. Wein war alltägliches Getränk, Wasser war oft verunreinigt. Bier und Apfelwein wurden erst nach dem Dreißigjährigen Krieg in verstärktem Maße genossen. Die über viele Generationen währende Bedeutung des Weins belegen auch die Straßennamen oder Flurbezeichnungen in vielen Orten in der Umgebung Hanaus. In einigen Kommunen wurde der Weinbau erst im frühen 20. Jahrhundert eingestellt.

Mittlerweile stehen auf dem Kesselstädter Wingert 300 Weinstöcke in drei Parzellen. Paten konnten für 50 € einen Weinstock finanzieren. Als Rendite erhalten sie jedes Jahr eine Flasche des Grauburgunders beim jährlichen Wingertfest. Gekeltert, ausgebaut und abgefüllt wird der Hanauer Tropfen vom ‚Ersten Hochstädter Winzerverein'.

Hanauer Geschichtsverein 1844 e.V., Am Freiheitsplatz 18 a, 63450 Hanau, hgv@hgv1844.de, hgv1844.de | Tipp: Das umfangreiche Veranstaltungsprogramm des Hanauer Geschichtsvereins kann unter hgv1844.de/aktuelles/vortraege-und-veranstaltungen abgerufen werden. Die AG Wingert sucht helfende Hände für die Pflege des Weingartens, Kontakt: hgv@hgv1844.de

14 APFELWEIN – EIN KÖSTLICH' STÖFFSCHE

Main Genuss Laden | ‚Gerpptes' Museum

Seit vielen Jahren ist die Kelterei Stier aus Maintal Bischofsheim aus der ‚Apfelwein-Szene' der Region nicht wegzudenken. 2016 eröffnete Jörg Stier den Main Genuss Laden am Heumarkt. Hier sind regionale Spezialitäten und natürlich der selbstgekelterte Apfelwein käuflich zu erwerben. Neben Eigenkreationen wie dem milden ‚Hessen à la carte Schoppe', dem kräftigfruchtigen ‚Hanauer Krawallschoppe' oder dem Apfelsecco ‚Prince of Paradise', werden ‚Apfel Wein Jahr'-Schoppen geboten, die mit traditionellen Kelterfrüchten veredelt sind oder der berühmte ‚Echte Speierling'. Daneben gibt es Handkäs-Cräcker, Brotaufstriche, Senf oder Essige und zum Naschen ‚Schoppe Gummi' oder ‚Ebbelwoi Guutsjer'. An der aus dem Holz alter Apfelweinfässer geschreinerten Theke können die Apfelwein-Spezialitäten probiert und noch das eine oder andere Buch zur Apfelweinkultur und zum ‚Bembel, Deckel und Gerippte' erworben werden. In Vorträgen und Genuss-Seminaren vermittelt Jörg Stier unterhaltsam Wissenswertes rund um die Apfelweinkultur. Mit wechselnden Partnern veranstaltet er Events wie etwa die ‚Lokalrunden' im nahe gelegenen Café-Restaurant ‚Klara'.

Seit 2019 befindet sich hinter dem Main Genuss Laden das ‚Gerippte Museum – Raum für Apfelweinkultur', das vom Förderverein ‚ACH Apfelwein Centrum Hessen e.V.' betrieben wird und dessen Vorsitzender Jörg Stier ist. Hier werden interessierte Besucher über die reiche Tradition der Apfelweinproduktion im Rhein-Main-Gebiet informiert. Historische Gläser, Bembel und Deckel sowie Text- und Bildtafeln veranschaulichen die Faszination rund um die von der UNESCO in die Liste der immateriellen Kulturgüter aufgenommenen ‚Handwerklichen Apfelweinkultur'. Besonderer Hingucker sind die zwei ‚Riesen-Gerippten' mit einem Fassungsvermögen von je 84 Litern sowie der ‚Größte Bembel der Welt'. Der 1,69 m hohe Krug mit einem Inhalt von 694 Litern ist sogar im ‚Guinnessbuch der Rekorde' verzeichnet. Dank des Engagements vieler Förderer werden zudem in einem neuen Raum Exponate zum Thema ‚Apfelwein weltweit' zu sehen sein. Das Museum ist im Rahmen der Ladenöffnungszeiten vom Main Genuss Laden bei freiem Eintritt zu besuchen. Buchungen für moderierte Museumsführungen mit Apfelweinprobe sind außerhalb der Ladenöffnungszeiten möglich.

Main Genuss Laden, Heumarkt 6, 63450 Hanau, kelterei-stier.de/unsere-laeden, infos@kelterei-stier.de, Öffnungszeiten Di-Fr 11-18 Uhr, Sa 10-14 Uhr | Geripptes Museum (Zugang über Main Genuss Laden), Apfelwein-Centrum Hessen (ACH) e. V., Heumarkt 6, info@apfelwein-centrum-hessen.de, gerippptes-museum.de

‚Main Genuss Laden'

‚Geripptes' Museum

15 FEINE SPIRITUOSEN

François Hanau Dry Gin | Mein Main | Apfeltau

Wer hätte es gedacht, aber Hanau ist die Heimat des Gin-Erfinders François de la Boë. Der hier 1614 geborene Boë gilt bis heute als Begründer der naturwissenschaftlichen Medizin. Für ein Mittel gegen Magenbeschwerden experimentierte er mit Alkohol, den er mit Wacholder und weiteren pflanzlichen Auszügen mischte – und erfand dabei zufällig den Vorläufer des Gins. Dieser geriet über Wilhelm III. von Oranien-Nassau und die Niederlande nach England, von wo die Wacholderspirituose ihren Siegeszug rund um die Welt antrat.
Der Multi-Unternehmer und Investor Rocky Musleh besann sich auf die Hanauer Wurzeln des Getränks und gründete 2017 ‚François Hanau Dry Gin'. Hier bringt er alle Einflüsse der damals neu entdeckten Welt zusammen: Heimischen Wacholder als vertraute Basis, Koriander vom Mittelmeer, Eisenkraut aus den Tropen, Lorbeer aus dem vorderen Orient, Grapefruit aus der Karibik und Blutorange aus Portugal. Der 2–3 Mal ohne künstliche Zutaten gebrannte Gin ist in ausgewählten Bars und im Online-Shop erhältlich.
Gemeinsam mit dem Designer Lars Contzen → **49** ist Rocky Musleh zudem Geschäftsführer der ‚Mein Main GmbH'. „Lass uns Apfelwein machen" sagte Rocky zu Lars, denn schließlich wurde auch der Apfelwein um 1640 am Main erfunden. Richtig gut, ein Statement für ihre Liebe zur Region sollte es sein. Heute gibt es unter der Marke ‚Mein Main' neben dem ‚goldenen Stoff' auch leckeres helles Bier und Gin. Die kunstvoll gestalteten Etiketten lieferte Lars Contzen. Das Bier wird in Seligenstadt und der Apfelwein in Freigericht von Produzenten des Vertrauens extra für die Mein Main GmbH hergestellt. Viele Sommer lang bot man im Pop-Up-Biergarten ‚Mein Main Laden' am Großauheimer Mainufer all die guten Sachen an.

Unter dem Motto ‚Erdacht in Hessen – gemacht für die Welt' haben Philipp Mörschel und Christian Holzschuh ein Start Up für ihren Apfelwein-Aperitif ‚Apfeltau' in Steinheim gegründet.
Das Besondere: hier wird nicht destilliert, sondern per ‚Eisdestillation aufkonzentriert'. In einem selbst entwickelten Prozess wird Apfelwein eingefroren und wieder aufgetaut, dabei wird Wasser entnommen – alle Geschmacksstoffe wie Zucker, Säure und Fruchtgehalt bleiben fast vollständig enthalten und ergeben so eine besondere, fruchtig-intensive Note.

François GmbH, Hanau, trink@francoisgin.de, francoisgin.de | Mein Main GmbH, Alte Langgasse 32, 63457 Hanau, info@mein-main.de, mein-main.de, facebook.com/MainLaden, Leinpfad | Apfeltau: Fährenhof GmbH, gude@apfeltau.de, Apfeltau ist online erhältlich über apfeltau.de

François Dry Gin

‚Apfeltau' aus Steinheim

Lars Contzen und Rocky Musleh von ‚Mein Main'

16 CAFÉS & CO.

Auszeit genießen

Ein Ort von wahrer Gemütlichkeit ist das ‚Café Bricks' am Altstädter Markt. Das im Wohnzimmerstil gehaltene Domizil mit den Backsteinwänden ('Bricks') bietet leckeren Kuchen, Frühstück und Kaffee-Spezialitäten – im Sommer draußen vor schönster Altstadt-Kulisse.

Am Neustädter Markt hat Stefan Gebauer in den beiden gläsernen Kuben mit dem ‚Klara – Küche & Bar' und dem ‚Café Central' zwei beliebte Treffpunkte für Jung und Alt etabliert. Spezialität im ‚Klara' ist das Frühstück mit ‚Grüne-Soße-Dip'. Serviert wird großteils regionale Küche, teils in Bio-Qualität, von der veganen Gemüsestulle bis zum Steak vom deutschen Weiderind. Beliebt sind auch die hier startenden ‚Lokalrunden', bei denen Hanau kulinarisch erkundet wird. Das Café verfügte über einen großen Außenbereich auf dem Marktplatz. Vis-à-vis befindet sich das Café Central. Beim ‚Do-it-yourself-Frühstück' wählt der Gast durch Ankreuzen, was auf den Tisch kommt, ob ‚Frühstücksburger', das üppige ‚Eggs Benedict' oder doch lieber die gesunden Vitalschnitten. Auch Schnitzel und Pasta werden serviert. Gelegentlich locken Events mit schönem Ausblick von der Dachterrasse.

Im ebenfalls am Neustädter Markt gelegenen ‚Märchencafé' ist die Deko ganz auf die Märchenwelt der Brüder Grimm abgestimmt. Emanuel Schimmelpfennig bietet hier Kuchen und Torten, die mit frischen Zutaten und ohne künstliche Zusätze hergestellt werden. Die Gerichte heißen hier ‚Prinzessinnen Frühstück' oder ‚Tischlein Vegan'. Weitere Cafés, die der Konditormeister betreibt, sind das ‚Café Huttenhof' in der Steinheimer Altstadt und das ‚Theatercafé am Comoedienhaus' im Park Wilhelmsbad.

Das ‚Coffee Bay' ist in Hanau gleich an zwei Standorten vertreten, am Freiheitsplatz sowie in der Salzstraße und lockt mit urbanem Flair, gutem Kaffee und leckeren Bagels. Die Kaffeebohnen werden in einer Manufaktur aus dem Hanauer Umland geröstet.

Jung und Alt treffen sich seit vielen Jahren auch gerne im ‚Café Amadeo' nahe dem Neustädter Markt zum Frühstück oder für ein Mittagsgericht. Abends gibt es gelegentliche Kultur-Events.

Besonders erwähnenswert ist zudem das am Westbahnhof gelegene ‚Café Schien' sowie das ‚Café Herrnmühle' → **17**.

Instagram.com/bricks_coffee.with.friends, Graf-Philipp-Ludwig-Str. 2 (Altstädt.Markt) | klara-hanau.de | central-hanau.de, Am Markt 8c und 21 | cafe-schimmelpfennig.de, Märchencafé, Am Markt 14 | facebook.com/coffeebay hanau, Am Freiheitsplatz 5 und Salzstr. 26 | Café Amadeo/facebook, Nürnberger Str. 35

Café Bricks

Team Klara

Obergeschoss Klara

17 ORTE ZUM VERWEILEN

Café Schien | Herrnmühle – Café am Fluss

Bereits 1927 wurde das traditionsreiche Hanauer ‚Café Schien' von Fritz Schien und seiner Frau Else in der Nürnberger Straße gegründet. 1945 durch alliierte Bomber zerstört, erfolgte 1947 die Wiedereröffnung in der Landwehr und schließlich der Umzug in den ovalen Bau der einstigen Gloria Lichtspiele am Westbahnhof, wo es sich noch heute befindet. Historische Aufnahmen im Gastraum erinnern an diese Zeit.
Später übernahmen die Kinder und Enkel das Kaffeehaus, 1996 kam das ‚Kleine Schien' in der Rosenstraße hinzu. Mittlerweile wurden beide Cafés an die neue Inhaberin Jessica Simsek übergeben, aber bis heute werden Torten und Gebäck nach den Rezepten von Gründungsvater Fritz Schien hergestellt.
Besondere Spezialität des Café Schien ist die hier erfundene ‚Brüder-Grimm-Torte'. Die 16 Stücke der schokoladigen und mit Pistazien, Mandeln, Walnüssen, Amaretto und weiteren geheimen Zutaten versehenen Torte zieren jeweils ein Marzipanmedaillon, welches das berühmte Doppelporträt der Brüder Grimm zeigt. Malerbruder Ludwig Emil erschuf das Bild seiner Brüder 1843 als Bleistiftzeichnung. Es ist auch das Logo der ‚Brüder-Grimm-Stadt' Hanau.

Seit seiner Eröffnung 2016 erfreut sich das ‚Café Herrnmühle' eines regen Besuchs. Das ist kein Wunder, gehört es doch zu den am schönsten gelegenen Cafés in Hanau. Der Zugang im Gebäudekomplex einer ehemaligen Mühle liegt etwas versteckt im Hof des historischen Ensembles. Vorbei an der Tanzschule Bladin und dem Fahrradladen Velozeit geht es nach rechts bis zur Glastür. Im Innern erwarten den Gast dunkle Möbel vor altem Mauerwerk. Traumplatz im Sommer ist der gut 20 m lange Freisitz über dem Kinzig-Wehr. Hier lassen sich, mitten in der Stadt, bei rauschendem Wasser und hausgemachter Stachelbeertorte Reiher beim Fischfang beobachten.
Über Jahrhunderte versorgte die Herrnmühle als größte Getreidemühle der Gegend einst die Hanauer Region mit Mehl. Auch Ölsaaten, Gewürze und Tuche wurden hier hergestellt. Ein regionaler Investor, der sich für soziale Projekte einsetzt, machte aus dem Industriedenkmal einen Gewerbehof. Vermieter der Caféräume ist heute der Verein Lebensgestaltung e.V., der hier seinen Sitz hat und Menschen mit psychischen Beeinträchtigungen unterstützt. Nebenan betreibt er die Wäscherei ‚Wasch-Werk'. Zwischenliegend blickt man auf das Radhaus der alten Mühle.

Konditorei & Café Schien, Nußallee 7 sowie Rosenstr. 3, 63450 Hanau, cafeschien@gmail.com, Öffnungszeiten Mo-Fr 8-18 Uhr, Sa+So 9-18 Uhr, cafe-schien.de | Café Herrnmühle, Nordstr. 86, 63450 Hanau, Öffnungszeiten Di-Fr 9-17.30 Uhr, So 9-17.30 Uhr, herrnmuehle-cafe.de

Café Herrnmühle

Café Schien

Brüder-Grimm-Torte

18

DAS BROCKENHAUS

Kaffee, Veranstaltungen und Kunst

Stadtauswärts, gegen Ende der Lamboystraße, befindet sich rechter Hand ein eindrucksvolles Gebäude, das an eine historische Villa aus der Kaiserzeit erinnert. Einst als Offiziersspeiseanstalt des III. Eisenbahnregiments um 1908 im neubarocken Stil errichtet, bietet das ‚Brockenhaus' seit 2012 wieder Raum zum Verweilen und Genießen.
Wo die Offiziere im großen Saal ihre Speisen einnahmen oder im Leseraum eine Zigarre bei ihrer Lektüre genossen, befindet sich heute das ‚Café im Brockenhaus'. Hier arbeiten Menschen mit Behinderung in den verschiedensten Arbeitsfeldern des Cafébereichs weitestgehend selbstständig mit. Das Café verbindet dabei berufliche Förderung und Eingliederung im gastronomischen Bereich mit dem Gedanken des Austauschs und des Miteinanders in einer Umgebung, in der sich jeder und jede wohlfühlen kann.
Das modern eingerichtete Café bietet eine reiche Auswahl an frisch gerösteten Kaffeespezialitäten sowie selbstgebackene Kuchen und Torten. Darüber hinaus gibt es ein reichhaltiges Frühstücksangebot und mittags kleine Gerichte sowie Suppen. Im Sommer lädt die große Terrasse zum ‚Draußensitzen' ein.

Das ‚Brockenhaus', dessen Bezeichnung auf Hilfeeinrichtungen der Schweiz zurückgeht und das vom Behinderten-Werk Main-Kinzig e.V. (BWMK) betrieben wird, bietet zudem viele weitere Dienstleistungen und Kulturräume an, in denen Menschen mit Handicap arbeiten können. Insbesondere der Bereich Veranstaltungsmanagement bietet vielfältige Aufgaben und Qualifizierungsmöglichkeiten für Menschen mit Behinderung – von der Planung bis zur Ausführung. Beliebt ist das ‚Brockenhaus' bei Vereinen, Verbänden, Unternehmen sowie Privatpersonen, die die moderne Veranstaltungstechnik und unterschiedliche Räumlichkeiten für Seminare, Tagungen und Festlichkeiten nutzen.

Im Obergeschoss des historischen Gebäudes befindet sich der ‚Kunstraum', ein Atelier, in dem Menschen mit Beeinträchtigungen kreativ arbeiten. Auftragsmalerei, Mitarbeit bei Ausstellungen und kreatives Design von Gebrauchsgegenständen wie zum Beispiel Espressotassen gehören zum Portfolio.
Im Werkladen werden Kunsthandwerk und Genussprodukte aus dem Brockenhaus sowie aus weiteren Werkstätten für Menschen mit Behinderung geboten.

Café im Brockenhaus, Lamboystr. 52, 63452 Hanau, Lamboyviertel, Tel.06181 18011-10, ming.benjamin@bwmk.org, bwmk.de/dienstleistungen/gastronomie/cafe

19

RESTAURANTS & CO.

Essen gehen in der Stadt

Wer gerne italienisch isst, liegt mit dem ‚Qui' richtig. Andrea Maniscalco bietet hier etwa eine echt römische Pizza, die knusprige Pinsa – im Sommer draußen, direkt an der Wallonischen Kirche.
Feine vietnamesische Küche kann man im ‚Zen' am Neustädter Markt genießen, das etwas versteckt in einem Hof liegt. Im japanischen Restaurant ‚Sendo', das ebenso versteckt in einer Passage in der Salzgasse liegt, werden Ramen, Bento und Sushi geboten.
Im ‚Eva Doña' am Altstädter Markt wird feine südamerikanische Küche serviert. Der Peruaner Kharlos Gallegos Campos hat sein Restaurant seiner Mutter und ihrer Gastfreundschaft sowie ihrer Leidenschaft zum Kochen gewidmet.
Gleich nebenan, im ‚Deins', wird kreativ gekocht und kombiniert, stets auf der Suche nach dem besten Geschmack; teils vegetarisch oder mit Fleisch aus der Region.
Türkische Spezialitäten und kulinarische Klassiker lassen sich im Restaurant ‚Lalezar' im Wallweg einnehmen – dessen Wahrzeichen eine Tulpe ist, die, wie man hier erfährt, ursprünglich aus der Türkei stammt – oder im Café-Restaurant ‚Café Maschuq' in der Auheimer Straße.
Immer gut besucht ist das ‚L´ava' am Heinrich-Fischer-Bad. In den weiten, im Industriechic gehaltenen Räumlichkeiten bietet Derya Kaygusuz-Güzel eine Fusion Kitchen aus Grill, Küche & Bar, von italienischen und türkischen Speisen bis zu Steak und Burger, im Sommer lockt die große Außenterasse.
Wer die amerikanische Küche liebt, ist in dem von außen eher unscheinbar wirkenden ‚Steve's Bar & Grill' im Hafenviertel bestens aufgehoben. In der Hanauer Institution gibt es neben Burgern, Steaks, Chicken & Fish, auch Tacos & Tortillas.
Steakspezialitäten gibt es auch im Traditions-Steakhaus ‚Römerhof' nahe des Neustädtischen Markts oder an der Marienkirche im angesagten Vintage-Look im ‚Frau Trude Steak & Wein' von Hanaus rührigem Gastwirt Stefan Gebauer.
An einer großen Kreuzung gelegen und gut besucht ist das ‚Cedo', das hier bereits seit 1971 spanische Küche bietet.
Recht neu in Hanau ist das ‚El Bigote', das feine mexikanische Gerichte serviert.
Gut speisen mit Blick auf den Main kann man in den Sportgaststätten der ‚Ruderei Hanau' sowie im ‚Mainblick'; aber auch in der Gastronomie am Schloss Phillippsruhe von Lovely Singh, mit Gewölbekeller und Schlossterrasse oder auf der gegenüber liegenden Mainseite im ‚Mainpark'.

qui-restaurant.de, Kölnische Str. 2 | donaeva.de und deins-hanau.de, Altstädter Markt 1 u. 3 | zen-hanau.de, Am Markt 11 | sendo-hanau.de, Salzstr. 21 | lalezar.de, Wallweg 38 | maschuq.de, Auheimer Str. 2 | lava-hanau.de, Eugen-Kaiser-Str. 21 | Steve's Bar & Grill, Hafenstr. 8, swaller.net | steakhaus-roemerhof.de, Römerstr. 20 | trude-hanau.de, Große Dechaneistr. 24 | cedo-hu.de, Eugen-Kaiser-Str. 1 | el-bigote.restaurant, Bruchköbeler Landstr. 25 | ruderei-hanau.de | Mainblick, Mainkanal 22 | schlossphilippsruhe-hanau.de | mainpark-hanau.de

Betriebsleiter Dirk Reichert lädt ein ins ‚Frau Trude Steak & Wein'

Andrea Manoscolo (rechts) und sein Mitarbeiter im ‚Qui'

Ruderei

Kharlos Gallegos Campos im Eva Doña

20 ZÜNFTIG GENIEßEN UND MEHR

Ebbelwoi, Bier & Co. aus der Region

Der historische Fronhof, am Schlossplatz im Herzen der Altstadt gelegen, entwickelt sich mehr und mehr zum urbanen Erlebnisraum für Jung und Alt – und für alle, die einfach neugierig sind. Herzstück ist die ‚Kanne Ebbelwoi Wirtschaft im Hof' der Familie Kannengießer, die hier als Pop-Up-Projekt der Initiative ‚Hanau aufLADEN' gestartet ist. Bereits seit über 30 Jahren keltern Conni und Uwe Kannengiesser und betreiben nun in Hanau die ‚Wirtschaft im Hof' mit Unterstützung der Söhne und vielen lieben Freunden. Aufgrund des großen Zuspruchs, entschieden sich die Kannengiessers zu bleiben und das Projekt fortzuführen. Umrahmt wird die Wirtschaft von Kulturveranstaltungen und einem Urban-Gardening-Projekt. Neben verschiedenen Märkten finden hier Konzerte, DJ-Acts oder ein Open-Air Kino statt. Mit dem ‚Wintergold' ist man auch in der kalten Jahreszeit aktiv. Dann gibt es einen kreativen Weihnachtsmarkt, ein Winter-Open-Air-Kino, Livekonzerte und Tanzgetümmel.

Auch im Steinheimer ‚Maa Äppelsche' lässt sich selbstgekelteter Apfelwein aus der Region genießen – und noch mehr: In der kleinen Schankwirtschaft von Luciea und Klaus Schütz befindet sich ein Ladengeschäft mit Produkten aus regionaler Herstellung, von der hausgemachten Wurst, über Rohmilchkäse aus dem Vogelsberg bis zur Marmelade von Familie Buhl. Verkostungen lassen sich mit musikalischer Untermalung und Lyrik von Urgestein Klaus buchen, auch für Zuhause. Ebenso hier buchbar sind Steinheimer Altstadtführungen sowie kleine und große ‚Staanemer Schoppetouren'.

Im saisonal geöffneten Ausschank von Gerald ‚Garry' Kathan in der Steinheimer August-Fecher-Straße 4 lässt sich ebenso ‚Selbstgemachtes' genießen: Bier. Seit 2019 braut der ehemalige Manager in seiner kleinen Brauerei Bier der Marke ‚Staanemer Braukunst' gemeinsam mit seinem Sohn Marvin.
Mittels klassischem Brauhandwerk – ohne Pasteurisierung und Filtrierung, dafür mit hochwertigen, oft regionalen Zutaten – entstehen hier naturbelassene Biere wie etwa das Staanemer Helle, Pils, Weizen, Indian Pale Ale oder Bockbier. Der Gerstensaft wird im Biergarten ausgeschenkt und ist vor Ort oder online käuflich. Auch werden Brauereiführungen und Braukurse angeboten.

Kanne Ebbelwoi, Am Schlossplatz 3, 63450 Hanau, kanneebbelwoi.de | Maa Äppelsche, Hans-Sachs-Str. 2 (Platz des Friedens), 63456 Hanau-Steinheim, maaaeppelsche.de Öffnungszeiten werktags (außer Mi) ab 15 Uhr, von April bis Sept: Sa, So+Feiertag ab 11 Uhr | Staanemer Braukunst, August-Fecher-Str. 4, 63456 Hanau-Steinheim, Biergarten: Mai-Okt Fr 15-18 Uhr, Sa 11-18 Uhr, staanemerbraukunst.de

Die ‚Wirtschaft im Hof'

Luciea Schütz im ‚Maa Äpelsche'

Marlon und Garry Kathan von der ‚Staanemer Braukunst'

21 BARS & CO.

Auf ein Getränk in der City

Eine Institution in Hanau ist das ‚Whisky à go-go' in der Altstädter Marktstraße. Rot gestrichene Wände, gemütliche Sessel und zahllose Fotos bekannter Film- und Musikstars bilden das Interieur dieses Kleinods im Stil der goldenen 1920er Jahre New Yorks. Vor über 20 Jahren wurde die Bar von Fedi Choukair gegründet, der sie bis 2016 mit seinem Sohn leitete. Heute führt Ahmad Yasin die Tradition fort und pflegt stilvoll das Flair längst vergangener Zeiten. Über 80 Sorten auf der Whisky-Karte sowie Jazz-Klänge und Piano-Musik sorgen für einen entspannten Abend, der gelegentlich bis in die frühen Morgenstunden reichen kann.

Das ‚Chococino' liegt in der Fußgängerzone der ‚Hanauer Neustadt' und hat sich zu einem Treffpunkt für alle Generationen und Kulturen entwickelt. Tagsüber gibt es Kaffee, Kuchen, Ciabatta oder Flammkuchen sowie eine Auswahl an offenen Weinen. Abends wird das Lokal von Ahmet Balpetek, insbesondere am Wochenende, zur Lounge und zum Hotspot der Hanauer Jugend. Freitags startet ab 21 Uhr die ‚Old School Party', gelegentliche Live-Konzerte komplettieren das Programm.

Inspiriert von den Rock'n Roll-Dokus des Filmemachers Daniel Siebert hat sich das Lokal ‚Hanau A Go-Go' musikalisch den wilden Sixties verschrieben. Stars und Sternchen aus der ganzen Welt tummelten sich damals in den zahllosen Rock-Bars der Stadt, frequentiert von den Angehörigen der US-Streitkräfte, die hier seit den 1960ern stationiert waren → **23**. Im ‚Hanau A Go-Go' im ‚Herzen von Hanau Rock-City' erklingt Musik von Rock (n' Roll) über Beat bis Soul. Fotos und Relikte aus Hanaus rockender Geschichte sorgen für das passende Ambiente. Zu musikalischen Themenabenden lässt es sich hier prima Tanzen, auf der kleinen Bühne gibt es gelegentlich Live-Musik und Kleinkunst-Events.

Das ‚Oak Barrels' ist ein kleiner, schön gelegener Irish Pub am Platz der Wallonisch-Niederländischen Kirche und als ehemaliges ‚Hannenfass' eine der ältesten Kneipen der Stadt. Neben der Verköstigung mit einem frisch gezapften Guinness, Kilkenny oder auch Kölsch lädt die urige Bar auch zu Live-Konzerten, Partys und zum Dartspielen ein. Im Sommer lässt es sich in der Abendsonne fein draußen sitzen.

Whisky à go-go, Marktstr. 11-13, ab 19 Uhr, whiskyagogo.de | Chococino Hanau, Rosenstr. 18, Mo-Sa ab 9 Uhr, So ab 13 Uhr, chococino-hanau.de, | Hanau A Go-Go, Hirschstr. 5, Di+Do + Fr-Sa ab 19 Uhr, So ab 18, hanauagogo.de | Oak Barrels, Französische Allee 16, Mi-So ab 18 Uhr, facebook.com/people/oak-barrels | alle 63450 Hanau

Hanau A Go-Go

Whisky à go-go

Ahmet Balpetek lädt ins Chococino ein

JAZZKELLER HANAU

Seit 40 Jahren Livemusik

Etwas zurückgesetzt von der Philippsruher Allee steht vor der Hellerbrücke eine imposante Villa aus der Zeit des Historismus. Einst einer der Wohnsitze der Familie Brüning, die Anfang des 20. Jahrhunderts im Fahrzeug- und Flugzeugbau tätig war, beherbergte sie nach dem Krieg das prächtige Hotel ‚Hanauer Hof', dann die Volkshochschule und nun die Sparkasse Hanau. Seit den Zeiten der Volkshochschule befindet sich im Keller das Domizil des Hanauer Jazz Clubs, der sich 1975 als Verein gründete. In Zeiten eher linkspolitisch orientierter alternativer Kulturorte, zu denen die ‚Krone' in Mittelbuchen, das Hanauer Kulturzentrum KOZ im Haus der Bäckerinnung oder die Fotogalerie im Schloss Philippsruhe gehörte, kam auch beim Vorstand des Hanauer Jazz Clubs der Wunsch nach einem eigenen Veranstaltungsort auf. Hierfür wurde der Gewölbekeller der Villa hergerichtet, der 1982 seine Pforten öffnete.

Seither ist der Jazzkeller ein beliebter Ort für Livemusik in der Stadt. Dabei waren und sind die Musikrichtungen der Bands nicht allein auf Jazz beschränkt. Zwar knüpft das Kellergewölbe an den ersten hiesigen Jazzkeller im ‚Café Krück' an, als die Eleven der Zeichenakademie sich dort in den 1950er Jahren einnisteten, doch änderte sich der Musikgeschmack. Als Frank Brummwinkel in den Anfangsjahren des Kellers hinter der Theke stand, spielten dort viele Bands eher Rock, Beat oder Folk bis hin zur Neuen Deutschen Welle.

In den vier Jahrzehnten seines Bestehens wechselten die Musikstile und das Publikum im Traditionsclub, dennoch hält er sich recht wacker. Dies ist auch Programmgestalterin Monika Marner und dem Team vom Jazzclub zu verdanken, die teils Bands mit bekannten Namen auf die kleine Kellerbühne bringen und damit Gäste aus dem gesamten Rhein-Main-Gebiet anziehen. Seit vielen Jahren spielt Moni Marner auch selbst in verschiedenen Jazz-Kapellen wie der Hanauer Kult Jazzrock-band ‚Scales' oder der in Offenbach gegründeten ‚Leathertown-Jazzband'. Zu besonderen Anlässen steht Marner deshalb höchstpersönlich auf der Bühne im Jazzkeller. Bis heute werden die Veranstaltungen in den gemütlichen Räumlichkeiten des Gewölbekellers ausschließlich ehrenamtlich von den Mitgliedern des gemeinnützigen Hanauer Jazz Club e.V. betreut.

Jazzkeller Hanau/Jazz Club Hanau e.V., Philippsruher Allee 22, 63450 Hanau, info@jazzkeller-hanau.de, jazzkeller-hanau.de | monimusic.de/scales oder monimusic.de/leathertown-jazzband

JAZZ CLUB HANAU

23 SWINGIN' SIXTIES IN HANAU

Musikszene 1960er & 70er Jahre

In den Nachkriegsjahren wurden in Hanau über dreißigtausend amerikanische Wehrpflichtige stationiert – Soldaten aus allen Schichten der Gesellschaft, darunter auch unzählige Musiker, Künstler und Intellektuelle.
Die GIs belebten die Stadt und ließen mit ihrem starken Dollar bald mehr und mehr Nachtclubs und Musik-Bars wie Pilze aus dem Boden schießen. Etwa in der Krämerstraße oder Lamboystraße, aber auch in der Leipziger Straße gab es die Etablissements, die ‚Bernhardseck', ‚Pigalle', ‚Moonlite-Bar', ‚Eden-Bar', ‚Jolly-Bar' oder ‚City-Bar' hießen.
Sie wurden zu willkommenen Anlaufstellen für die Hanauer Jugend. An den Zahltagen, dem ‚Pay day', war dort die Hölle los. Hanau war geprägt von Rotlicht sowie Rock´n Roll und genoss bald bundesweit den sündigen Ruf eines „hessischen St. Pauli". In Bezug auf Nachtleben und Kneipendichte stellte Hanau damals die benachbarte Großstadt Frankfurt deutlich in den Schatten.

Damit einhergehend entwickelte sich in der Stadt an Main und Kinzig eine überregional bedeutsame Musikszene und die popkulturelle Prominenz aus dem In- und Ausland tummelte sich bald auf den Bühnen der Stadt. Vor allem war Hanau bundesweit einer der heißesten Tipps in Sachen Rockmusik: Hier ließen bereits Mitte der 50er Jahre Lokalmatadore des Rock'n Roll wie ‚Fats & His Cats', ‚Jörn & His Twens' oder die ‚Gisha Brothers' die Barwände wackeln; hier etablierte sich in den frühen 60er Jahren die Hochburg des musikhistorisch einflussreichen ‚Indo-Rocks' um indonesische Bands wie die ‚Tielman Brothers' und die ‚Crazy Rockers'; hier formierte sich die legendäre Prä-Punk-Band ‚The Monks' aus fünf GIs und revolutionierte bald darauf die gesamte Rockmusik. Daneben tummelten sich Weltstars wie Bill Haley, Chuck Berry, James Brown, Jimi Hendrix und viele andere regelmäßig im schillernden Hanauer Nachtleben. Auf diesem fruchtbaren Nährboden entstanden schließlich erfolgreiche ortsansässige Musikgruppen wie die Psychedelic-Band ‚Orange Peel', die Ende der 60er Jahre eine steile internationale Karriere einschlug. Ihr Gitarrist Lesley Link führt seit vielen Jahren Hanaus legendäres Musikgeschäft ‚Link's Musical Instruments' → **24**.
Musikalisch setzt die Bar ‚Hanau A Go Go' → **21** in der Hirschstraße nahe am Freiheitsplatz dieser Zeit ein Denkmal.

Wissenwert: Der Hanauer Autor, Rock'n Roller und Zeitzeuge Helmut Wenske/Chris Hyde veröffentlichte autobiografisch gefärbte Werke zu dieser Zeit. Informationen: literaturszene-hanau.de/autoren/wenske-helmut | Autor und Regisseur Daniel Siebert produzierte die Dokumentarfilme ‚Roll over Hanau' (2009, Arte) und ‚Hanau a Go-Go'. Informationen zur Hanauer Filmproduktion: schnittstelle-net.de

Y-BAR, Hanau, LeipzigerStr.76

Telefon 21197

Ab 1. Juli 1962
die Attraktion in der

olly-Bar
HANAU

. die 5
ielman Brothers

ltberühmt durch
n, Funk und Fernsehen
. Brüsseler Weltausstell. 1958

onntags ab 15 Uhr geöffnet ■

Jörn & His Twens

Leslie Link (Orange Peel)

24 IM GITARRENHIMMEL

Leslie Links Musikladen

Schon vor der Ladentür hört man meist den Klang einer Gitarre. Betritt man dann das Eckgeschäft in der Altstädter Marktstraße, so fühlt man sich unwillkürlich in ein Wunderland versetzt, dessen Himmel nicht nur voller Gitarren zu hängen scheint, sondern dessen Wände und Decken auch mit unzähligen Fotos, Plakaten und sonstigen Pretitiosen eines reichen Musikerlebens bedeckt sind.
Bereits 1976 eröffnete Leslie Link das Gitarrengeschäft ‚Links Musical Instruments', 1984 kam seine Frau Sonja dazu. Geboten werden Gitarren etwa der Marken Gretsch, Gibson oder Fender bis hin zum Marshall- oder Vox-Verstärker für den größeren aber auch kleineren Geldbeutel.
Schon als 13-Jähriger stand Leslie selbst mit einer Gitarre auf der Bühne. „Ab etwa 1958 konnte man jeden Abend irgendwo auftreten und damit Geld verdienen", erzählt Link, den sie manchmal den „Jimi Hendrix von Hanau" nennen. Er spielte Rock'n Roll in Klubs und Bars des Rhein-Main-Gebiets, die meist von US-amerikanischen Soldaten frequentiert wurden. 1961 gründete er seine erste Band ‚Leslie and his Phantoms'. Mit Jörn Rausers ‚Twens', den ‚Hitcats' oder ‚The Beggars' tauchte er in die Blütezeit der Swingin' Sixties in Hanau ein → **23** und tourte durch die Republik. Große Erfolge, auch im Ausland, feierte er mit der Band ‚Orange Peel', die ab 1967, neben Leslie Link an der Gitarre, aus Sänger Peter Bischof, Heini Mohn am Bass und dem später international bekannten Schlagzeuger Curt Cress bestand. Sie spielten als Vorgruppe von Superstars wie ‚Deep Purple', ‚Black Sabbath', ‚The Birds', der ‚Spencer Davis Group' oder ‚Chuck Berry'. 1970 erschien ihr einziges Album ‚Orange Peel', 1971 erreichten sie mit ihrer Single ‚I Got No Time' in Frankreich einen Nummer-Eins-Hit. „Wir wurden in Paris empfangen wie Superstars", erinnert sich Link. Bis heute wird ‚Orange Peel' gerne im Radio gespielt, wenn es um deutschen ‚Krautrock' geht. 1971 löste sich die Band auf, da man musikalisch unterschiedlicher Meinung war. Doch die in unregelmäßigen Abständen stattfindenden Revival-Konzerte sind stets Publikumsmagnet. Leslie wandte sich später dem Jazz, Blues und Country zu. Mit seinem Enkel Joel Link betreibt er aktuell das Projekt ‚Link Inc': Live werden Songs aus der Musikgeschichte der 1960er gespielt und auch die erste CD ist bereits erschienen.

Link's Musical Instruments, Marktstr. 24, 63450 Hanau, info@linkmusic.de, Öffnungszeiten Di+Mi, Sa 10-15 Uhr, Do+Fr 13-18 Uhr, linkmusic.de | Die CD ‚Links Inc.' ist in Lesley Links Musikladen erhältlich.

Leslie Link

25 MUSIK AUS HANAU

Es klingt gut in der Stadt

Hanau ist musikalisch und hat viel zu bieten: Die Band ‚Die Dinners' etwa packt fein beobachtete Geschichten in gefühlvollen Indie-Pop. Vor einigen Jahren startete man mit Live-Shows und der Veröffentlichung des Songs ‚Schöner Tag'. Das Debütalbum ‚Die Dinners' ist ein Gesamtkunstwerk des Schaffens.

Der ‚Hanauer Bub' Reverend Schulzz ist Singer/Songwriter und Handlungsreisender in Sachen Urban Folk Music, Kritikerliebling und Kollegenvorbild. Seit Anfang der 1990er kleidet er seine Erzählungen in eingängige Stücke, die er solo oder mit Band präsentiert.

Die in Büdingen und Hanau beheimatete Sängerin Nashi Young Cho bewegt sich in der Welt des Jazz, doch auch Soul und HipHop inspirieren sie. Für die Auseinandersetzung mit den eigenen koreanischen Wurzeln, mit Rassismus und Vorurteilen, veröffentlichte sie den Song ‚Life Matters', an dem sich Rapper und Sänger aus dem ganzen Rhein-Main-Gebiet beteiligten.

Seit vielen Jahren ist auch Azzi Memo in der Musikszene von Hanau unterwegs – und weit darüber hinaus. Der Rapper mit den kurdischen Wurzeln gehört zum Umfeld von ‚Haftbefehl'. Nach dem Anschlag von Hanau produzierte er einen ‚Benefizsong für Hanau' mit Texten, die unter die Haut gehen. Seine Lieder wie ‚Heb ab' oder ‚AMG' wurden millionenfach geklickt. Sein Video-Kanal hat tausende Follower. Neben seinen eigenen Songs stellt er hier HipHop-Talente vor, die er teils selbst produziert.

Marvin Scondo, Sohn des Blues-Musikers Steve Scondo, erwarb sich mit einem Auftritt bei ‚The Voice of Germany' viele Sympathien. 2019 veröffentlichte er sein Debütalbum, 2021 folgte das nächste Album. Seine feinen Blues- und Folksongs bringt er mit einer Band oder solo zu Gehör.

Die Hanauer Band ‚Hautevolee' um Marc Merges macht alles andere als Musik für die oberen Zehntausend und behandelt mit einfallsreichen deutschen Texten Themen wie Liebe, Freundschaft, aber auch Sozialkritisches.

Deutsche Texte, kreativ verpackt in vielseitigen, tanzbaren Indie-Pop-Rock, liefert das Musikprojekt ‚Tempel Baron' und veröffentlicht demnächst sein zweites Album.

Für klassischen Bigband-Sound, ebenso wie für schwungvolle Funk-, Latin- und Blues-Töne, sorgt die ‚Hanauer Jazz Bigband' mit ihrer Rhythmusgruppe aus dreizehn Bläsern und einer Sängerin.

---

diedinners.de | schulzz.com | nashi.info + nycjazz.de | instagram.com/azzimemo + deezer.com | marvinscondo.com | facebook.com/hautevolee.hanau | timezone-records.com/tempel-baron | hanauerjazzbigband.de

Nashi Young Cho

Azzi Memo

Die Dinners

Marvin Scondo

Reverend Schulzz

MUSIK UND THEATER

Neue Philharmonie Frankfurt | Volksbühne Hanau

Die Geschichte der Neuen Philharmonie Frankfurt nahm ihren Anfang 1999, als spontan zusammengestelltes Orchester für eine Deutschlandtournee des Musicalstars Sarah Brightman. Konzertveranstalter Dirk Eisermann, Musikwissenschaftler Ralph Ziegler und Musiker Thorsten Günther gründeten das Orchester als ‚Neue Philharmonie Frankfurt und Frankfurt Pop Orchestra' – ein Hinweis auf die zwei musikalischen Seiten des Unternehmens, Klassik und Rock-Pop. Das Orchester begleitete Shows von Nena und Udo Lindenberg ebenso wie von Gregory Porter und Dionne Warwick, aber auch von José Carreras, Andrea Bocelli oder Robbie Williams. Im Rahmen verschiedener Formate bietet das Orchester eigene Sinfoniekonzerte und arbeitet seit 2009 mit Stargeiger David Garrett zusammen. Daneben entwickelte die Neue Philharmonie Frankfurt spektakuläre Cross-Over-Shows wie etwa für die Hanauer Sommernacht, die jedes Jahr Tausende Menschen begeistert → **29**. Seit 2019 hat das Orchester seinen festen Standort in Hanau und bespielt hier regelmäßig den Congress Park sowie das Comoedienhaus in Wilhelmsbad. Chefdirigent des Orchesters ist Jens Troester.

Die Volksbühne Hanau e.V. gründete sich vor fast 100 Jahren, um Theater in Hanau zu präsentieren. Das machte der Verein so gut, dass die Stadt Hanau, die über kein eigenes Theaterensemble verfügt, die Organisation des Hanauer Theaterprogramms ab 2014 in die kompetenten Hände des Vereins gab.
Pro Saison werden rund 50 Theatervorstellungen aus den Genres Operette, Musical, Schauspiel, Ballett, Revue und Komödie angeboten. Dafür bucht das Team der Hanauer Volksbühne Gastspiele von Tourneetheatern, die im historischen Comoedienhaus Wilhelmsbad oder im Congress Park Hanau zur Aufführung kommen. Auch Konzerte stehen auf dem Programm.
Die rund 1500 Abonnenten bilden einen großen Teil des Publikums, der oft bekannten und beliebten Stücke. Für sie gilt ein rollierendes System: Jeder sitzt mal vorne und hinten.
Aber auch zahlreiche Tickets im Freiverkauf gehen über den Tresen.
Finanziert wird die Volksbühne durch den Mitgliedsbeitrag und städtische Zuschüsse. Dafür beschäftigt der Verein Angestellte für die Verwaltung. Die Auswahl und Durchführung der Stücke wird vom Vorstand ehrenamtlich wahrgenommen.

Neue Philharmonie Frankfurt, neuephilharmoniefrankfurt.de |
Volksbühne Hanau e.V., Nürnberger Str. 2, 63450 Hanau,
Tickets: theater-hanau.de

Neue Philharmonie Frankfurt

Volksbühne Hanau, Spielstätte Comoedienhaus Wilhelmsbad

27 ES WAR EINMAL ... MEHR ALS MÄRCHEN

Brüder Grimm Festspiele | Hanauer Märchenpfad

Aus bescheidenen Anfängen – anlässlich des 200-jährigen Geburtstagsjubiläums der Hanauer Märchensammler Jacob und Wilhelm Grimm 1985/86 – entwickelten sich die Brüder Grimm Festspiele zu einem der größten Open-Air-Theaterfestspiele Hessens. Fünf Eigenproduktionen werden jährlich von Mai bis Juli zur Aufführung gebracht. Davon werden drei Adaptionen der Grimmschen Märchen als Sprechtheater oder Musical aufgeführt, die mit aktuellen Bezügen die alten Volksmärchen für heutige Generationen erfahrbar machen. Hinzu kommt die Aufführung eines literarischen Werkes eines Zeitgenossen der Grimms, das ihr Werk in den historischen Kontext stellt und die damalige Lebenswelt beleuchtet. Die Reihe ‚Junge Talente' schließlich präsentiert ein Gegenwartsstück, das den Zugang junger Menschen zum Theater fördern soll. Spielstätte ist das Amphitheater im Park von Schloss Philippsruhe. 2002 wurde der halbkreisförmige Obstgarten am westlichen Ende des Schlossparks mit einer Zeltkonstruktion überdacht. Hierdurch erhielten die Festspiele eine wettergeschützte Location mit über 1.300 Sitzplätzen, die auch vielen anderen Kulturveranstaltungen der Stadt dient.

Aus der Idee, das historische Gedenken an die Brüder Grimm aktuell und jederzeit erfahrbar zu machen, entstand der ‚Hanauer Märchenpfad'. Im Rahmen eines bundesweiten Bildhauer-Wettbewerbs 2016 wählte man zehn Entwürfe für Skulpturen aus, die in der Hanauer Innenstadt mit Hilfe finanzieller Patenschaften von einzelnen Bürgern, Vereinen oder Geschäften realisiert wurden. Die Skulpturen zeigen Grimmsche Märchen aus der Maingegend und bilden zusammen mit den einstigen Orten der Geburts- und Wohnhäuser der Familie Grimm, dem Nationaldenkmal auf dem Neustädter Markt und einem Denkmal für ‚Malerbruder' Ludwig Emil Grimm vor dem berühmten Hotel ‚Zum Riesen' am Heumarkt den ‚Hanauer Märchenpfad'. Zu sehen sind ‚Die sieben Schwäne' (Schlossgarten), ‚König Drosselbart' (Schlossplatz), ‚Der Teufel mit den drei goldenen Haaren' (Altstädter Markt), ‚Däumerlings Wanderschaft' (Freiheitsplatz), ‚Brüderchen und Schwesterchen' (Hammerstraße), ‚Schneewittchen' (Marktplatz), ‚Rotkäppchen und der Wolf' (Französische Allee), ‚Der goldene Schlüssel' (Kölnische Str.), ‚Dornröschen' (Rosenstr.), ‚Tischlein deck Dich' (Salzstraße) und ‚Der gestiefelte Kater' (Langstraße).

Brüder Grimm Festspiele, Tickets und Programm unter: festspiele-hanau.de | Hanauer Märchenpfad: Informationen und Lageplan zum Herunterladen unter: hanau.de/sehenswert/die-brueder-grimm/maerchenpfad | Lageplan und CD vor Ort im Hanau Laden, Am Freiheitsplatz 3, 63450 Hanau, Telefon 06181 5086817, Öffnungszeiten Mo-Mi + Fr-Sa 10-14 Uhr, Do 10-18 Uhr

Figur ‚Tischlein Deck Dich', Hanauer Märchenpfad

KULTUR FÜR JUNGE MENSCHEN

Angebote für Kinder und Jugendliche

Die Jugendkunstschule (JUKS) der Stadt Hanau liegt am Ulanenplatz im Lamboyviertel und bietet Kurse speziell für Kinder und Jugendliche an, vom Malen, über Mode- oder Real-Zeichnen, Töpfern, Trickfilmwerkstatt und Nähspaß, bis zum Comiczeichnen und Fotokurs. Dabei fördern die Kursleiter die jungen Teilnehmenden gezielt darin, die eigenen Ideen umzusetzen. Es gibt Kunstwettbewerbe und eine Begabtenförderung. Die Jugendkunstschule ist eine gemeinnützige Einrichtung und Teil der Volkshochschule der Stadt Hanau.

Im rechten Seitenflügel von Schloss Philippsruhe befindet sich das Mitmachmuseum ‚Grimms Märchen Reich' und entführt Kinder wie Erwachsene in eine märchenhafte Welt von Prinzessinnen, bösen Hexen und gefährlichen Riesen. Die Besucher durchwandern sieben Märchenreiche und erfahren dabei spannende Geschichten aus der Kindheit und dem Leben der Hanauer Brüder Jacob, Wilhelm und Ludwig Emil Grimm. Zum Schluss können alle das eigene Märchen an der Märchenhecke verewigen.

Auf der ‚Paul-Hindemith-Musikschule' können sich vor allem Kinder und Jugendliche, aber auch Erwachsene, musikalisch bilden. Neben den Kursen für die klassischen Instrumente oder für Gesang, für Noten- und Harmonielehre, gibt es auch Angebote aus den Bereichen Theater und Musical. Das ‚Rock-Pop-House' bietet Einzelunterricht sowie das Zusammenspiel in einer Band. Sogar Auftritte für die Bands werden hier organisiert. Trägerverein ist die ‚Jugendmusikschule und Musikbildungswerk Hanau e.V.'

Seit 2012 bietet das Hanauer Jugend-Kurzfilmfestival ‚Jung & Abgedreht' jungen Filmschaffenden im Alter zwischen 14 und 27 Jahren eine Plattform zur öffentlichen Darstellung ihrer Werke und ist mittlerweile zu einer festen Größe in der deutschen Festival-Landschaft geworden. Spielort ist das Kinopolis-Kino in Hanau, parallel dazu findet ein online-Streaming statt. Die jungen Teilnehmenden können ihre Kurzfilme in vier Festival-Kategorien einreichen. Sonderprogramme, Frage-Antwort-Sessions mit den Filmemachern und ein unterhaltsames Rahmenprogramm runden das Festival ab. Schirmherr ist der Schauspieler und gebürtige Hanauer Dominic Raacke.

Jugendkunstschule Hanau, Ulanenplatz 4, 63452 Hanau, juks-hanau.de | ‚Grimms Märchen Reich', Philippsruher Allee 45, 63454 Hanau, museen-hanau.de | Paul-Hindemith-Musikschule, Ramsaystr. 12 63450 Hanau, paul-hindemith-musikschule.de | Jung & Abgedreht, c/o Schnittstelle Film & Media Produktion, jungundabgedreht.de | Tipp: Im Rahmen des ‚Kinderkultour-Programms' der Stadt Hanau finden das ganze Jahr über Veranstaltungen für Kinder statt, Programm unter: hanau.de.

Paul-Hindemith-Musikschule: auch Musiktheater-Werke werden hier einstudiert

Kurzfilmfestival Jung & Abgedreht

29 FESTE FEIERN

Bürgerfest, Kultoursommer & Co.

Kurz vor Ende des Zweiten Weltkriegs führte die deutsche Kriegsstrategie des ‚Totalen Kriegs' zu verheerenden Ergebnissen für die Stadt Hanau. Am 19. März 1945 bombte der alliierte Luftangriff der britischen Royal Air Force die Innenstadt in Schutt und Asche. Im August 1945 begannen Trümmerbeseitigung und Wiederaufbauarbeiten in der Stadt. Zum Dank beschlossen die Stadtväter um Oberbürgermeister Heinrich Fischer ab 1958 ein ‚Bürgerfest' zu feiern, das bis heute jährlich im September auf den Mainwiesen stattfindet. Es ist ein Volksfest „von Hanauern für Hanauer" und eine Plattform für örtliche Vereine sich zu präsentieren. Zelte, Musikbühnen und ein großes Abschlussfeuerwerk sorgen für gute Laune. Besonders beliebt ist das Drachenbootrennen, bei dem Teams von bis zu 20 Personen zu rhythmischen Trommelschlägen auf dem Main um die Wette paddeln. Kampfgeist ist auch beim ‚Tretbootcup' gefragt, der stets für gute Unterhaltung sorgt. Weiteres Highlight ist das ‚Kinder Erlebnis Kultur Spektakel' (KEKS) mit Theater-, Tanz- und Musikaufführungen für die Kleinen.

Beim ‚Hanauer Kultoursommer' steht seit über 30 Jahren die Kultur im Zentrum des Geschehens. Bei einem gekühlten Getränk lassen sich an lauen Sommerabenden im Park Wilhelmsbad auf der Bühne am Comoedienhaus Theater Lesungen, Comedy, Varieté, Acapella oder Poetry Slam live und open air erleben. Auch das historische Karrussel dreht seine Runden. Weitere Angebote sind ein Chorfestival, ein Irish Folk Festival, der Hanauer Song-Slam, die Hanauer Musikernacht, Kindertheater sowie Kunstausstellungen, Happenings und interaktive Installationen.
Das jährliche Konzert der ‚Neuen Philharmonie Frankfurt', bei dem bekannte Rocksongs mit Klassiktönen vereint werden und das zu den Höhepunkten des Festivals zählt, findet aus Baumschutzgründen als ‚Hanauer Sommernacht' nun auf den Mainwiesen statt.

Und Hanau hat noch mehr zu bieten: Beim Weinfest kredenzen jährlich Mitte August fränkische Winzer feinen Wein unter des schattigen Bäumen des Schlossgartens. Und am letzten Augustwochenende wird traditionell in den Hof des Steinheimer Schlosses zum ‚Bundesäppelwoifest' geladen. Bereits im Juni findet in der Altstadt Hessens ältestes Stadtfest, das ‚Lamboyfest', statt → **90**.

Informationen zu den verschiedenen Hanauer Festen unter unter hanau.de/freizeit/veranstaltungsreihen

Bürgerfest Hanau

30 MEDIEN

Bücher, Zeitung, Radio

Der Name Dausien steht gleich für zwei Buchhandlungen in der Stadt. Dieter Dausiens ‚Buchladen am Freiheitsplatz' erhielt mehrmals den Deutschen Buchhandlungspreis, der seine vielseitigen Aktivitäten wie Leseförderung, Autorenlesungen, einen Lesekreis und den modernen Internetauftritt würdigt. Die zweite traditionsreiche Buchhandlung ‚Bücher bei Dausien' befindet sich in der Salzstraße. Die gemeinsame Geschichte der Buchhandlungen begann 1920 in Halle, als dort Vater Otto Dausien seinen ersten Buchladen eröffnete. Nach der nationalsozialistischen Zensur folgte die Kontrolle der DDR. Während Sohn Werner deshalb bereits 1949 nach Hanau zog und sein Geschäft in der Salzstraße eröffnete, zog es Otto Dausien 1961 zunächst nach Frankfurt, bevor 1974 der Umzug nach Hanau erfolgte. 3 Jahre später übernahm der 18-jährige Dieter Dausien den Laden seiner Eltern und zog 1984 an den Freiheitsplatz. Die Buchhandlung ‚Bücher bei Dausien' in der Salzstraße betrieben weiter Margret und Werner Dausien. 1991 übernahm Joachim Weihl ihr Geschäft und bietet seitdem vielfältige Veranstaltungen wie Lesungen zu aktuellen Büchern oder die beliebten ‚Lieblingsbücherabende'.

Bücher käuflich erwerben kann man in Hanau darüber hinaus etwa im Forum Hanau → **3** und in der Buchhandlung ‚Lass uns Lesen' in Großauheim.

Ein traditionsreiches Medium in Hanau ist die Tageszeitung ‚Hanauer Anzeiger'. Ab dem 17. Jahrhundert entwickelte sich die Stadt zu einem führenden Zentrum des Druckhandwerks. Das Privileg, das damals wöchentlich erscheinende Blatt zu drucken, erteilte Graf Johann Reinhard III. bereits 1725. Neben amtlichen Bekanntmachungen wurden darin zunächst Anzeigen gedruckt. Heute ist der ‚HA' eine der ältesten Tageszeitungen in Deutschland. Seit 2016 übernimmt die überregionale Berichterstattung die Offenbach-Post. Der Verlag befindet sich aktuell an der Donaustraße und gibt u.a. auch das Anzeigenblatt ‚Hanauer Wochenpost' und das Magazin ‚Wirtschaft an Main und Kinzig' heraus.

Seit 2020 hat Hanau auch einen lokalen Hörfunk: ‚Radio Hanau' steht allen interessierten Radiomachern offen und wird von den Moderatoren ehrenamtlich moderiert. Das webbasierte Programm kann über radiohanau.de oder die Radio-Hanau-App empfangen werden.

Buchladen am Freiheitsplatz, Am Freiheitsplatz 6, 63450 Hanau, buchladen@freiheitsplatz.de, freiheitsplatz.de | Bücher bei Dausien Weihl & Co. KG, Salzstr. 18, 63450 Hanau, buecher@buecher-bei-dausien.de, buecher-bei-dausien.de | Hanauer Anzeiger, Donaustr. 5, 63452 Hanau, hanauer.de | radiohanau.de

Dieter Dausien in seinem ‚Buchladen am Freiheitsplatz'

uchhandlung ‚Bücher bei Dausien'

Verlagspublikationen des Hanauer Anzeigers

31 LESEN

Autoren & Bücher rund um die Stadt

Hanau liest – und verfügt über vielfältigste Autoren: Die gebürtige Hanauerin Simone Buchholz etwa wurde mehrfach ausgezeichnet, u.a. mit dem Deutschen Krimipreis. 2019 erschien ihr bisher letzter Krimi aus der ‚Chastity-Riley-Reihe' mit dem Titel ‚Hotel Cartagena'.
Die studierte Juristin und Hanauerin Jutta Wilke entschloss sich 2005 „das Fach zu wechseln" und begann mit dem Schreiben. Inzwischen hat sie zahlreiche Bücher in namhaften Kinder- und Jugendbuchverlagen veröffentlicht, 2023 erschien ‚Der Tag an dem Lotto-Werner verhaftet wurde'. Sie engagiert sich bundesweit für die Leseförderung und unterrichtet auch kreatives Schreiben.
Heidi Gebhardt wohnte viele Jahre in Hanau-Hohe Tanne und erfand die hier auch spielenden ‚Tante Frieda'-Kriminalromane. In ‚Kein Mord ohne Tante Frieda' etwa geschieht ein Mord auf dem Hanauer Golfplatz. Zuletzt erschien ‚Die Herberge im Wald', Friedas erster Fall im Taunus.
Der gebürtige Hanauer Matthias Fischer ist Theologe und Pfarrer. Die letzten Titel seiner erfolgreichen Krimi-Reihe heißen: ‚Die Toten vom Kinzigtal' (2015), ‚Die Bestie vom Kinzigtal' (2018) oder ‚Verschwörung im Kinzigtal' (2022).
Die promovierte Ärztin und Großauheimerin Sabine Laber-Szillat leitet den Heimat- und Geschichtsverein Großauheim. 2014 veröffentlichte sie den berührenden, im hessischen spielenden historischen Roman ‚Irminrat – ein Frauenleben der Zeitenwende' aus der Zeit Karls des Großen.
Die Kesselstädterin Christiane Gref engagiert sich in der Autorenvereinigung ‚Zwanzigzehn in Hanau'. Ihr historischer Roman ‚Das Meisterstück' (2010) thematisierte das Geheimnis um den Hanauer Ratspokal sowie das Gold- und Silberschmiedehandwerk. Es folgten weitere Romane wie 2018 ‚Abadeyer', ein Hanauer Mystery Thriller.
Der gebürtige Hanauer Patrick Weber entspinnt in seinen historischen Romanen eine hessische Familiensaga um die Tochter eines Bürgermeisters aus Hochstadt in der Zeit nach dem 30jährigen Krieg. Während es im ersten Teil ‚Der Bote des Jüngsten Gerichts' um die Liebe zu einem fanatischen Kirchenmann geht, begleitet der Leser die junge Elisabeth in ‚Der Pfad des ewigen Feuers' (2019) auf ihrer abenteuerlichen Suche nach ihrem Sohn, die sie über Hochstadt, Hanau, Gelnhausen und London bis nach Nordamerika führt.

suhrkamp.de/simone-buchholz | jutta-wilke.de | heidi-gebhardt.de | emons-verlag.de/fischer-matthias | literaturszene-hanau.de/autoren/laber-szillat-dr-med-sabine | gmeiner-verlag.de/autoren/christiane-gref + instagram.com/christianegref | Autorenvereinigung ‚Zwanzigzehn in Hanau': agzz.de | edition-federleicht.de/patrick-weber | Weitere Hanauer Autor/innen unter: literaturszene-hanau.de

Jutta Wilke

Heidi Gebhardt

Matthias Fischer

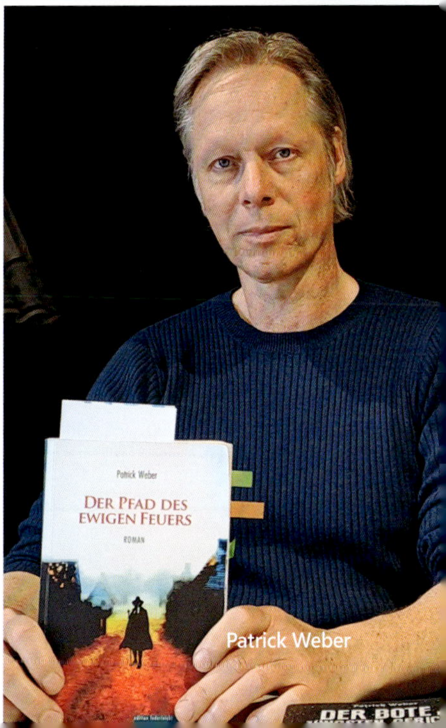

Patrick Weber

32 ALTE JOHANNESKIRCHE UND NEUES LEBEN

Die Kirche und das ‚Ajoki'

Die Johanneskirche wurde 1642 von Graf Friedrich Casimir für die Ausübung eines lutherischen Gottesdienstes erbaut, da in der benachbarten Marienkirche nur Gottesdienste für die Menschen refomierten Glaubens gehalten wurden. Die lutherische Reformation hatte in Hanau-Münzenberg schon in den zwanziger Jahren des 16. Jahrhunderts eingesetzt. In einer ‚zweiten Reformation' wurde die Konfession der Grafschaft jedoch erneut gewechselt. Philipp Ludwig II. aus der Linie Hanau-Lichtenberg verfolgte ab 1597 eine entschieden reformierte Kirchenpolitik nach Calvin und Zwingli. Die beiden protestantischen Glaubenslehren existierten deshalb in Hanau Jahrhunderte nebeneinander – bis zur Hanauer Union 1818, die den Zusammenschluss der reformierten und der lutherischen Landeskirchen besiegelte.
Nachdem die Johanneskirche im Zweiten Weltkrieg schwer beschädigt worden war, entstand als Ersatz bis 1960 eine neue Johanneskirche in der Frankfurter Landstraße. Die ‚Alte Johanneskirche' wurde mit einer nur aus Eisenträgern bestehenden neuen Haube versehen und stellt heute das Zentrum der Evangelischen Kirche in Hanau dar.
Unter dem Namen ‚Ajoki' entstand hier ein Kultur- und Bildungsraum, mit dem ‚Ellis' als angeschlossenem Veranstaltungsort. Die große mit Schirmen beschattete Freiterrasse, der ‚Ajoki-Campus', bietet – gleich einem modernen Co-Workingspace – Platz zum Arbeiten, Lernen, Netzwerken und Entspannen sowie verschiedene kostenfreie Bildungsangebote des ansässigen ‚Grundbildungszentrums' der Volkshochschule Hanau. Neben kostenlosem W-LAN und Stromzugang können Speisen und Getränke mitgebracht werden, im Café gibt es Rabatte für Schüler und Studierende. Das ‚Ajoki' hat sich zu einem beliebten Treffpunkt entwickelt. Hier gibt es Live-Musik, Kleinkunst, Lesungen, Theater, Tanzabende und diverse Märkte.

Auch befinden sich das Gemeindebüro der evangelischen Stadtkirchengemeinde, das Dekanat des Kirchenkreises Hanau sowie Abteilungen der Landeskirche von Kurhessen-Waldeck in der Alten Johanneskirche und sind die zentrale Anlaufstelle der Evangelischen Kirche in Hanau. Zudem ist das bekannte ‚Hanauer Altstadtmodell' des Glasermeisters Günther Jacob, das die Stadt im Jahr 1905 zeigt, hier zu bewundern.

‚Ajoki', Johanneskirchplatz 1, 63450 Hanau,
info@ajoki.de, Öffnungszeiten Café Do+Fr 11-18 Uhr, Sa+So 10-18 Uhr, (Campus saisonal tägl.), ajoki.de | Gemeindebüro der ev. Stadtkirchengemeinde Hanau, Johanneskirchplatz 1, hanau.stadtkirchengemeinde@ekkw.de, stadtkirchengemeinde-hanau.de, Öffnungszeiten Di, Mi, Fr 9-12 Uhr, Mo+Do 14-17 Uhr

ALTERNATIVE KULTURZENTREN

Metzgerstrasse 8 | KUZ Hanau | Brückenkopf

Mittlerweile kann das buntbemalte Haus ‚Metzgerstrasse 8' auf sein über 35-jähriges Bestehen zurückblicken. Das war 1986 gewiss nicht abzusehen, als junge Leute der linksalternativen Szene den leerstehenden Bau besetzten, in dem sich einst der von US-Soldaten frequentierte Nachtclub ‚Moulin Rouge' befand. Heute betreibt ein ‚Besetzerrat' das Zentrum, in dem sich verschiedene kulturelle und politische Gruppen zu Themen wie Antifaschismus, Antikapitalismus, Globalisierung, Flucht & Migration und Sozialberatung engagieren. Die ‚Volxküche' bietet warme Mahlzeiten zum Selbstkostenpreis. Auch finden regelmäßig Konzerte, Diskussionen, Lesungen oder Kino statt.

Das Bedürfnis der Jugendszene, sich zu treffen und selbst zu organisieren hat in Hanau Tradition. Protestierte man anfangs gegen die spießige Nachkriegsgesellschaft und traf sich in Jazzkellern und Bars, fand man sich in den 1960ern im ‚JuSo-Keller' in der einstigen Wurstfabrik von Wilhelm Kaiser oder im Haus des Handwerks im ‚Club-Voltaire' zusammen. Ein Jahrzehnt später wurde das ‚KOZ' im Haus der Bäckerinnung zum Treffpunkt der alternativen Szene, in den 1980ern war es die Mittelbuchener Gastwirtschaft ‚Zur Krone'. Seit den 90ern hat Hanau ein offizielles selbstverwaltetes Jugend-Kulturzentrum. Zunächst kam es in der legendären ‚Schweinehalle' am Westbahnhof unter, dann in ‚halle 2' in Großauheim. Heute befindet sich das ‚KUZ Hanau' im ‚JuBiKuz Hans Böckler' in der Innenstadt und bietet Konzerte, Theater oder Poetry Slam.

Und noch ein weiterer Treffpunkt genießt Kultstatus in Hanau: der ‚Brückenkopf' an der Wilhelmsbrücke, kurz ‚Brücki' – und das bereits seit 40 Jahren. Auch der ‚Brückenkopf' gehört sich selbst und wird von einem gemeinnützigen Verein getragen. Er entstand aus der Umwelt- und Friedensbewegung, denn mit Brennelementehersteller Nukem und der Plutoniumfirma Alkem (später Siemens) befand sich im ‚Atomdorf' in Wolfgang ein umstrittener Standort der Atomindustrie. Elmar Diez, Mitbegründer der Grünen, war auch einer der Gründungsväter des Brückenkopfs. Nach einem Atom-Skandal um Korruption und verbotene Müllentsorgung ist Hanau seit 2005 ‚atomfrei'. Der ‚Brücki' blieb. Zu moderaten Preisen kann man hier gut essen, Konzerte oder Lesungen besuchen – und sich im Verein engagieren.

Metzgerstr. 8, 63450 Hanau, facebook.com/metzgerstrasse.hanau | KUZ Hanau, Sandeldamm 19, 63450 Hanau, kuz-hanau.de | Brückenkopf/Verein Bürgertreff für Kommunikation, Information und Kultur e.V., Wilhelmstr. 15A, 63450 Hanau, geöffnet tägl. ab 18 Uhr, brueckenkopf-hanau.de

Metzger Straße 8

KUZ Hanau

Im Brückenkopf

OLOF-PALME-HAUS

Vielseitige Kultur in Kessselstadt

Unweit von Schloss Philippsruhe fällt eine große herrschaftliche Villa an der Philippsruher Allee auf – das ‚Olof-Palme-Haus'. Als die Stadt Hanau das Gebäude 1995 veräußern wollte, fanden sich einige Bürger zusammen und gründeten einen Förderverein, der sich seitdem um Erhalt und Betrieb des historischen Anwesens kümmert.

1654 als Nachfolgebau eines im 30jährigen Krieg zerstörten Kesselstädter Gutshofs errichtet, diente es über Jahrhunderte Adeligen und Fabrikanten als Wohnsitz. Nach dem Zweiten Weltkrieg richtete sich die US-Armee dort ein. Bis 1965 hieß es ‚Amerikahaus' und beherbergte eine Bibliothek für Kinder und Jugendliche.

Heute bietet das ‚Olof-Palme-Haus' verschiedenen Kulturakteuren Raum für Treffen, Proben und Projekte. So hat hier etwa das Theater ‚Lampenfieber' seine Spielstätte. Das Amateur-Theater wurde 2002 durch Wolf Blume gegründet und bringt hier jährlich 1-2 Stücke zur Aufführung. Zum Repertoire gehören Komödien, klassische Stücke sowie zeitgenössische Aufführungen. Auch das ‚Hist(o)erisches Theater Hanau' hat seine Proberäume im ‚Olof-Palme-Haus'. Bereits 1994 gründete sich das Amateurtheater, das in der Regel ebenso pro Jahr zwei neue Produktionen auf die Bühne – etwa im Comoedienhaus Wilhelmsbad – bringt.

Fester Bestandteil des Olof-Palme-Hauses ist auch der ‚Film Foto und Videoclub Hanau e.V.', dessen Vorläufer bereits 1957 gegründet wurde. Heute findet jedes Jahr eine Fotoausstellung statt und die neuesten Videofilme und Diavorträge werden präsentiert. Hinzu kommen Bild- und Filmbesprechungen und Workshops rund um die digitale Filmtechnik. Großes Highlight ist die Ausrichtung des Hessischen Landesfilmfestivals des BDFA (Bundesverband Deutscher Filmautoren), bei dem Filme aus ganz Hessen gezeigt werden.

Im ‚Olof-Palme-Haus' trifft sich zudem die Autorengruppe ‚Zwanzigzehn' (agzz), die Events wie eine Krimi-Lesung zum Miträtseln oder die Halloween-Lesung ‚Sleepy Hanau' entwickelt hat.

Noch recht neu ist ein Frauenchor, der hier regelmäßig probt.

Alljährlicher Höhepunkt sind die vom Förderverein des Hauses selbst ausgerichteten ‚Musikpicknicks' im malerischen Garten des Hauses. An fünf Terminen von Juni bis August spielen dann diverse Interpreten bei freiem Eintritt.

Olof-Palme-Haus/Förderverein Olof-Palme-Haus e.V., erreichbar über die Pfarrer-Hufnagel-Str. 2, 63454 Hanau, info@olof-palme-haus.de, olof-palme-haus.de | Theater Lampenfieber: Lampenfieber.net | Hist(o)erisches Theater: ht-hanau.de | Film Foto Videoclub Hanau e.V.: ffv-hanau.de | Autorengruppe Zwanzigzehn: agzz.de

35

SPORT, SPORT, SPORT

Vereine mit Tradition und Zukunft

In Hanau sind Vereine mit teils langer Tradition beheimatet und aufgrund der Nähe zum Main auch zahlreiche Wassersportvereine, wie etwa die 1879 gegründete Hanauer Rudergesellschaft oder der 1904 gegründete Ruderclub Hassia e.V. Auch Hessens ältester Fußballverein ist in Hanau zu Hause, der 1. Hanauer FC 1893 e.V. Er war im Jahr 1900 eines der Gründungsmitglieder des Deutschen Fußball-Bunds und zählte in den ersten beiden Jahrzehnten seines Bestehens zu den besten süddeutschen Fußballmannschaften. Größte Erfolge des heutigen Hessenligisten waren Siege gegen Eintracht Frankfurt 1926 und Bayern München 1956. 1978 erfolgte der Aufstieg in die zweite Bundesliga.

Nationalspieler und Weltfußballer Rudi Völler, aufgewachsen im Hanauer Lamboyviertel, begann seine Karriere beim Turn- und Sportverein 1860 Hanau. Hier war sein Vater Jugendbetreuer und nahm Rudi zum Training mit. Die Sportanlage in den Kinzigwiesen trägt heute den Namen Völlers, der auch Ehrenbürger der Stadt Hanau ist. Der TSV ging 1860 aus einem ‚Cigarrenarbeiter-Turnverein' hervor. Später kamen viele Sparten hinzu, 1906 der Fußball. Heute gibt es Abteilungen von Badminton bis Volleyball.

Die Turngemeinde Hanau 1837 a.V. (TGH) ist der größte und älteste Verein im Main-Kinzig-Kreis. In den 22 Abteilungen werden 27 Sportarten ausgeübt, vom Babyschwimmen bis zur Seniorengymnastik. Die sportlich erfolgreichsten Sparten sind die Rope Skipper mit mehreren nationalen und internationalen Titeln sowie die Volleyball-Männermannschaft in der Regionalliga.

In der zugehörigen Sportanlage in der Jahnstraße steht auch das steinerne Zeugnis der kriegszerstörten Jahnhalle, die auf die Vergangenheit des Vereins verweist: Der erste und zweite deutsche Turntag fand 1848 in Hanau statt und der Deutsche Turnerbund wurde in der Wallonischen Kirche gegründet. In Zeiten der ‚Märzrevolution' forderten auch die Hanauer Turner die demokratische Republik. Mit ‚Turnvater Jahn', Initiator der deutschen Turnbewegung, war man freundschaftlich verbunden. Jahn war aufklärerischen Gedanken zugetan, jedoch zugleich national-völkisch gesinnt und wandte sich von den Hanauer Turnern ab, die bewaffnet zur Verteidigung der Republik nach Baden zogen. Nach der Niederlage mussten zahlreiche Turner ins Exil, etwa nach England, fliehen, wie Turnerführer August Schärttner.

Hanauer Rudergesellschaft 1879 e.V., Am Mainkanal 22, hrg1879.de | Ruderclub Hassia e.V., An der Ochsenwiese 1, rudercub-hassia.de | 1. Hanauer Fußball Club 1893 e.V., Kastanienallee 75, fc-hanau93.de | TSV 1860 Hanau e. V., Philipp-August-Schleissner-Weg 2a, tsv1860hanau.de | Turngemeinde 1837 Hanau a.V., Jahnstr. 3, tg-hanau.de | alle 63450 Hanau | Ein Verzeichnis sämtlicher Hanauer Sportvereine gibt es unter www.hanau.de/freizeit/sport/sportvereine

TGH Jumping Swans bei einer Deutschen Mannschaftsmeisterschaft

36

İŞTE EVIMIZDEYIZ!
Muslimisches Leben in Hanau

Für die große Anzahl hier lebender Menschen muslimischen Glaubens stehen in Hanau insgesamt sechs eingetragene Moscheen verschiedener Träger zur Verfügung, deren Gebäude im Stadtbild zumeist nicht auffallen. Mit dem Anwerbeabkommen für Arbeitskräfte zwischen der BRD und der Türkei 1961, mit Marokko 1963 und Tunesien 1965 kamen die Menschen als sogenannte Gastarbeiter nach Deutschland. Ihre Lebensgewohnheiten, die sie mitbrachten, bereichern seitdem die Hanauer Kultur. Türkisch-arabische Lebensmittelgeschäfte, Teestuben, Reisebüros und anderes entstanden. Heute verfügt rund jeder fünfte Bewohner der Stadt über einen Migrationshintergrund. Viele Muslime fühlen sich im Rhein-Main-Gebiet und in Hanau heimisch, es ist ihr Zuhause.

Seit 2015 gibt es in der Stadt eine Moschee, deren zwei Zierminarette weithin sichtbar in den Himmel ragen. Hinter dem Hafentorgebäude und dem Hafenbecken entstand aus einem ehemaligen Aldi-Markt die ‚Bait-ul-Wahid-Moschee'. Eigentümer ist die Ahmaddiyya Muslim Jamaat (AMJ), eine muslimische Gemeinde, die von einem spirituellen Kalifat geleitet wird. Sie wirkt bereits seit 100 Jahren in Deutschland und ist die älteste aktive muslimische Gemeinde im Land. 1889 wurde das spirituelle, weltoffene und dem Frieden verbundene Khalifat in Indien gegründet. Heute vertritt die Gemeinde in Deutschland rund 55.000 Mitglieder, die sich in 280 Lokalgemeinden und 76 Moscheen organisieren, sie betreibt weltweit Bildungseinrichtungen und Krankenhäuser. 2013 wurde die AMJ als Partner für die Einführung des islamischen Religionsunterrichts in Hessen ausgewählt. Die Ahmaddiyya Muslim Jamaat Gemeinde in Hanau lädt zu verschiedenen Veranstaltungen ein wie Neujahrsempfang, Charity-Radtouren oder dem Tag der offenen Moscheen. Sie engagiert sich bei Friedenskonferenzen und beteiligt sich an Aufklärungskampagnen, wie etwa #WirSindAlleDeutschland oder #MuslimeGegenRassismus.

Den Blick für verschiedene Lebenswelten noch weiter zu öffnen, das ist auch das Ziel der alljährlichen ‚Interkulturellen Wochen' in Hanau. Vereine, Religionsgemeinschaften und andere Akteure bieten dann Lesungen, Konzerte, Kinofilme, Workshops sowie Ausstellungen und geben Raum für Begegnungen.

Bait-ul-Wahid-Moschee, Hafenstr. 6, 63450 Hanau, hanau@ahmadiyya.de, ahmadiyya.de/gebetsstaette/moscheen/hanau | Interkulturelle Woche: hanau.de/freizeit/veranstaltungsreihen/interkulturelle_woche sowie interkulturellewoche.de (Programmheft)

Bait-ul-Wahid-Moschee

37 DER ANSCHLAG: 19. FEBRUAR 2020

Gedenken und Aufarbeitung

Am Abend des 19. Februar 2020 ermordete ein 43-jähriger Mann aus rassistischen Motiven in der Hanauer Innenstadt sowie in Kesselstadt innerhalb von knapp 6 Minuten eine Frau und acht Männer. Hanau steht seitdem unter Schock. Mit vielfältigen Aktionen im Zeichen der Solidarität erinnern Menschen, Verbände und Organisationen in Hanau, ganz Deutschland und der Welt an die Opfer dieses rassistischen Anschlags. Die Stadt Hanau richtete unter dem Hashtag #hanau-steht-zusammen.de ein digitales Denkmal für die Anschlagsopfer ein. Auch ist ein ‚Zentrum für Demokratie und Vielfalt' geplant, in dem Erinnerungsarbeit, Dialog und Wissensvermittlung stattfinden soll.

Neue Initiativen versuchen gegen Rassismus, Vorurteile und das Vergessen anzukämpfen. Für die Angehörigen der Anschlagsopfer wurde die Initiative ‚19. Februar Hanau' gegründet, die in der Hanauer Krämerstraße einen Laden gemietet hat. ‚Saytheirnames' steht in großen Lettern darüber und soll daran erinnern, die Namen der Anschlagsopfer nicht zu vergessen. Die Initiative fordert die Aufklärung der Anschlagsumstände und politische Konsequenzen, denn die Fragen rund um die Tatnacht und das weitere Vorgehen von Polizei und Behörden sind nicht umfassend aufgeklärt. Diese Aspekte sind in der Ausstellung ‚Three Doors' für eine größere Öffentlichkeit aufbereitet.

Die ‚Bildungsinitiative Ferhat Unvar' möchte Kindern, Jugendlichen und deren Eltern, die rassistische Erfahrungen machen, eine Anlaufstelle bieten und Raum geben, eigene Bedürfnisse zu benennen. Workshops für Schulen und andere Institutionen sollen die Teilnehmenden dazu animieren, eigene Gedanken zu reflektieren und eine kritische Haltung zu entwickeln. Mit dieser Arbeit möchte Serpil Unvar an ihren Sohn Ferhat erinnern, der ein Opfer des Anschlags wurde.

Als Reaktion auf den Anschlag wurde 2020 auch der Verein ‚Theater der Vielfalt e.V.' gegründet, der Theaterveranstaltungen, die sich mit Themen der Diskriminierung auseinandersetzen, organisiert. Erstmalig 2022 fand das Theaterfestival ‚Jetzt! UN(D)sichtbar' statt. Hanauer Schulen und Amateur-Theatergruppen führten Stücke zum Thema auf, zudem gab es Musikkonzerte und Workshops.

Digitales Denkmal: #hanau-steht-zusammen.de | Initiative 19. Februar Hanau, Krämerstr. 24, 63450 Hanau, info@19feb-hanau.org, 19feb-hanau.org, instagram.com/19februarhanau, Ausstellung Three Doors: forensic-architecture.org/investigation/racist-terror-attack-in-hanau-the-police-operation | Bildungsinitiative Ferhat Unvar, Am Freiheitsplatz 6, info@bildungsinitiative-ferhatunvar.de, bildungsinitiative-ferhatunvar.de | Theater der Vielfalt e.V., theaterdervielfalt.de

#SayTheirNames

Fatih Saraçoğlu

Ferhat Unvar

Gökhan Gültekin

Hamza Kurtović

Kaloyan Velkov

Mercedes Kierpacz

Said Nesar Hashemi

Sedat Gürbüz

Vili Viorel Păun

Rassismus tötet! Racism kills! نژادپرستی می کشد!
العنصرية تقتل! Rasismul ucide! Irkçılık öldürür! Rasizam ubija!
Rasizm zabija! Nîjadparêzî dikûje! نژاد پرستی می کشد!

JÜDISCHES LEBEN IN HANAU

Von jüdischer Kultur & Jüdischen Kulturwochen

Beidseitig der Wilhelmstraße zeugen noch prächtige Gebäude vom Wohlstand des gehobenen Bürgertums zur Kaiserzeit. Gegenüber der ehemaligen Villa der Familie Hirschmann, Branntweinfabrikanten, steht der mit einer Uhr im Giebel versehene Verwaltungsbau von Wilhelm Schwahn – ehemals Schmuck- und Zahnradfabrik. 2005 wurde das Gebäude zur Synagoge für die neugegründete jüdische Gemeinde Hanau umgebaut und ist seitdem Sitz der gut 200 Mitglieder umfassenden Gemeinschaft.
Im Laufe der Geschichte war dies die dritte Gründung. Die erste jüdische Gemeinde der Hanauer Grafschaft wurde in den Pestpogromen des Jahres 1349 ausgelöscht. 1603 erließ Graf Philipp Ludwig II. im Rahmen seiner Wirtschaftsförderungspolitik für die Grafschaft Hanau-Münzenberg ein Privileg zur ‚Judenstättigkeit' und erlaubte die Ansiedlung einer neuen jüdischen Gemeinde in Hanau. Zwischen der Alt- und der Neustadt entstand im Bereich des Hexen- und Diebsturms beidseitig der Altstadtbefestigung die ‚Judengasse', die heute Nordstraße heißt. Die damals aus 159 Personen bestehende Gemeinde errichtete hier eine Synagoge sowie den heute noch erhaltenen jüdischen Friedhof → **66**. Trotz weiterhin bestehender Ressentiments konnten Bürger jüdischer Religion gesellschaftliche Anerkennung, wirtschaftlichen, politischen und künstlerischen Erfolg erlangen. Der Maler Moritz Daniel Oppenheim, der im Jahr 1800 in der Judengasse geboren wurde, hat mit seinen ‚Bildern aus dem altjüdischen Familienleben' dieser Zeit ein Gesicht gegeben → **53**. Bis ins frühe 19. Jahrhundert bestand dieses jüdische Ghetto.
Nach der Machtübernahme der Nationalsozialisten 1933 begann auch in Hanau die schrittweise Entrechtung und Verfolgung jüdischer Bürger. 164 Juden wurden 1942 in Vernichtungslager deportiert, rund 230 Hanauer Juden im Holocaust ermordet. An ihr Schicksal erinnern seit 2010 Namenstafeln an der ehemaligen Hanauer Ghettomauer.
Heute bietet die Jüdische Gemeinde eine Vielzahl an Angeboten, die über die religiösen Aktivitäten hinausgehen. Mit Ausstellungen, Konzerten und Lesungen machen die ‚Jüdischen Kulturwochen' seit 2019 ein „Judentum zum Anfassen" erlebbar. Das Internetportal ‚Judentum-Digital' ermöglicht zudem einen weiteren Zugang zum jüdischen Leben mit digitaler Synagogenführung, Videos zu Feiertagen, Vorträgen und Begegnungsprojekten.

Jüdische Gemeinde Hanau, Wilhelmstr. 11a, 63450 Hanau, info@jg-hanau.de, jg-hanau.de, jg-hanau.de/kulturwochen, judentum-digital.de | Gedenkstätte Ehemalige Ghettomauer, Am Freiheitsplatz / Nordstraße, hanau.de/stadtentwicklung/geschichte/gedenkstaetten

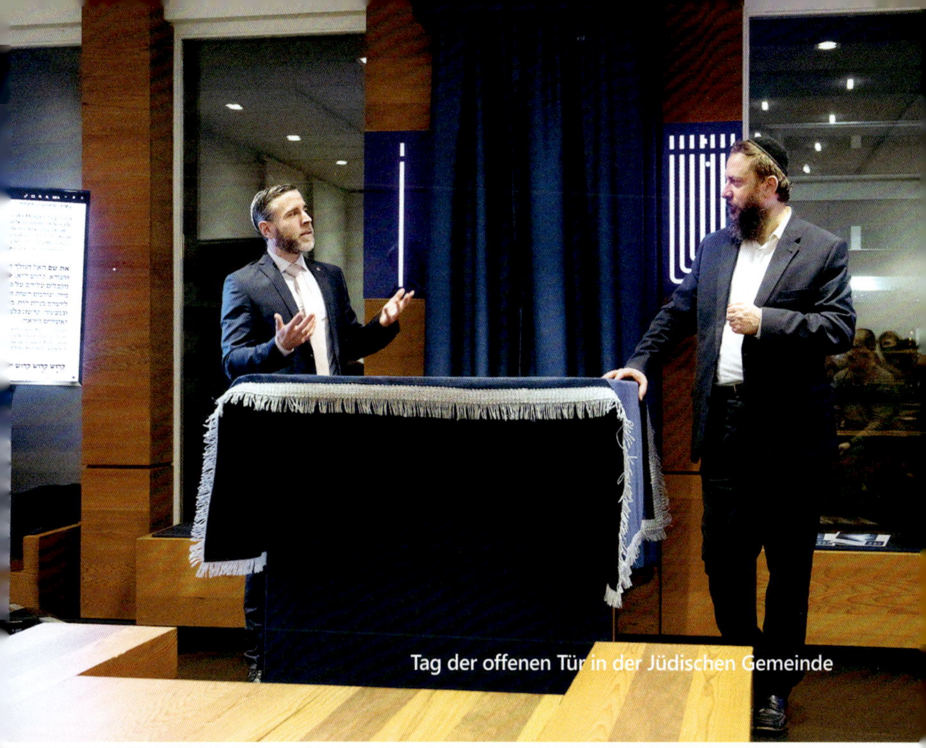

Tag der offenen Tür in der Jüdischen Gemeinde

Launch des Portals ‚Judentum-Digital'

39 KUNSTSZENE

Die Arp Galerie

Die Hanauer Zeichenakademie → **44** prägte seit ihrer Gründung 1772 die Hanauer Kunstszene. Neben Gold- und Silberschmieden gingen zahlreiche Maler, Bildhauer und Designer aus dieser Bildungsstätte hervor. Einen Einblick auf das künstlerische Werk vom 16. bis ins 20. Jahrhundert gibt das Museum im Schloss Philippsruhe → **50**. Heute sind in Hanau zahlreiche Künstler und Künstlervereinigungen aktiv → **41**, hinzu kommen Kunstgalerien in allen Stadtteilen.

Eine der bedeutendsten Hanauer Galerien ist die ‚Arp Galerie für zeitgenössische Kunst', die die Galeristin und Künstlerin Mari Arp (Marion Sulzmann) 2017 am sogenannten ‚Kurt-Cobain-Kreisel' am Freiheitsplatz eröffnete.
In etwa acht Ausstellungen jährlich zeigt sie mit den Werken nationaler und internationaler Künstler aktuelle Kunstpositionen der Malerei, Bildhauerei, Fotografie, Grafik und Medial.
Mit aufmerksamkeitsstarken Events und einem großen Netzwerk ist die Galerie zum Treffpunkt angesagter Künstler und einer kunstaffinen Gästeschar avanciert, weit über Hanaus Stadtgrenzen hinaus. Hier stellt der Lichtkünstler Joerg Obenauer ebenso aus wie etwa Multitalent Lars Contzen → **49**, der hier seine ikonografischen Surf-Art-Bilder präsentiert. Shootingstar Johannes Ehemann zeigt in der Arp Galerie seine dreidimensionalen Werke, Marcel Kimble seine facettenreichen, teils mannshohen Porträts oder Eri Hahn ihre historisch anmutenden Kleiderskulpturen.

Seit mehr als zwanzig Jahren ist Mari Arp auch selbst Kunstschaffende.
Sie begann mit großflächigen, reliefartigen, von der Natur inspirierten Wandobjekten. Später wechselte sie zu figurativen Darstellungen in einer Kombination aus Malerei und Collage. Das Gesicht an und für sich, und gern großformatig, hat sie zu ihrem künstlerischen Thema gemacht. Als Vorlagen dienen oft fotografische Porträts von Stars aus dem Film- und Showgeschäft vergangener Jahrzehnte, aber auch gegenwärtige Personen, die sie mit verschiedensten Attributen farbkräftig auf den Malgrund setzt.
Seit 2018 ist die Malerin mit ihren Bildern und den Arbeiten der Künstler und Künstlerinnen der Galerie auch auf der Discovery Art Fair in Frankfurt oder Köln vertreten.

Arp Galerie, Nordstr. 8, info@arpgalerie.de, Öffnungszeiten Mi+Sa 11-14.30 Uhr, arpgalerie.de

Mari Arp in der ‚Arp Galerie‘

VOLLE PACKUNG KULTUR

Hanauer Kulturverein | Remisengalerie

In Zeiten eines schwächelnden Kulturangebots in der Stadt, gründeten einige junge Kulturinteressierte 1977 einen Verein, mit dem Ziel, neben den üblichen Theatervorstellungen und mehr oder weniger spannenden Diavorträgen, ein Kulturangebot für alle Bürger zu schaffen. Kultur als gesellschaftlicher Spiegel auf allen Ebenen, für alle Sinne und für den politischen Kopf, das schwebte dem neuen Hanauer Kulturverein e.V. vor. Unter dem Motto „Mach was los in Hanau!" begann man mit einem Kleinkunstprogramm an wechselnden Veranstaltungsorten. 1979 fand der Verein ein festes Domizil zunächst in einer am Heumarkt gegründeten Fotogalerie. Danach zog man in das Remisengebäude von Schloss Philippsruhe und etablierte dort eine Galerie. Heute gehören dem Verein rund 100 Mitglieder an, darunter auch circa 30 Künstlerinnen und Künstler aus Hanau und der Region aus allen Gattungen der bildenden Kunst.

In der ‚Remisengalerie' werden jährlich rund zehn Ausstellungen zeitgenössischer Kunst von regionalen wie überregionalen und international tätigen Künstlern und Künstlerinnen sowie Schüler-Ausstellungen gezeigt. Auch die künstlerisch tätigen Vereinsmitglieder selbst erhalten Gelegenheit in den hohen, lichten Räumlichkeiten der Remisengalerie auszustellen. Gut etabliert hat sich außerdem eine wachsende Gruppe von Menschen die sich seit 2020 zweimal monatlich zum freien Aktzeichnen trifft.

Darüber hinaus organisiert der Verein Veranstaltungen zu gesellschaftsrelevanten Themen wie etwa zum Hanauer Anschlag vom 19. Febraur 2020, zu den Hanauer Antirassismustagen oder den Frauentagen. Es finden Konzerte und Autoren-Lesungen statt sowie kooperative Ausstellungen und Veranstaltungen mit den Hanauer Museen und dem Hessischen Puppen- und Spielzeugmuseum. Großer Beliebtheit erfreuen sich die Kesselstädter Jazztage oder Wiesenkonzerte im Freien.
Die Auswahl des jeweiligen Jahresprogramms wird von allen Mitgliedern des Vereins vorgenommen und anschließend vom Vorstand auf Umsetzung geprüft und konkretisiert. Die beiden Vereinsvorsitzenden sind derzeit die Fotografin und MKK-Kulturpreisträgerin 2018 Maria Dorn und der Maler und Zeichner Udo Reckmann.

Hanauer Kulturverein e.V. / Remisengalerie, Philippsruher Allee 45, 63454 Hanau,
info@hanauer-kulturverein.de, hanauer-kulturverein.de

Remisengalerie

KREATIV SEIN IN HANAU

Hanaus Künstlergruppen | Quartier Hafentor

Hanau verfügt über zahlreiche Künstlervereinigungen und Ateliergemeinschaften. Zu den ältesten Künstlergruppen der Stadt gehört etwa die ‚Palette', deren Mitglieder sich regelmäßig im Familien- und Jugendzentrum Wolfgang treffen. Die ‚Palette' stellt alljährlich etwa im Neustädter Rathaus oder im Rahmen der Reihe ‚Kunst im CPH' im Congress Park Hanau aus.

Bereits 1972 wurde die Künstlergemeinschaft ‚Pupille' gegründet, um das damalige Hanauer Kulturleben mit neuen Ideen zu bereichern. Neben der Bildenden Kunst präsentierte man in den Ausstellungen auch Literatur, Musik und Fotografie. Zweimal jährlich zeigt die ‚Pupille' ihre Werke im Foyer des Neustädter Rathauses, einige Mitglieder stellen ebenso im Congress Park aus.

Seit 1985 bietet auch die ‚Lukas-Gilde' aus Großauheim Kunstschaffenden eine Plattform für den Ideenaustausch und die gemeinsame Präsentation der Kunst.

Weitere Künstlergruppen sind etwa die ‚Gemeinschaft Steinheimer Kunstschaffender' (GSK), der ‚Artemisia Künstlerinnenbund Hanau', der ‚Simplicius Künstler*innenbund Hanau' oder die Künstlergruppe ‚Umbria'. Die Kunstschaffenden des ‚Kunst-Werks Hanau' treffen sich regelmäßig in Kesselstadt und bieten außerdem Malkurse an. Die ‚Hanau Art 13 Werkstatt für Kunst' veranstaltet am Kanaltorplatz ihre Workshops.

Einen guten Überblick über Hanaus Künstler bietet der jährliche Kunstmarkt ‚Kunst am Main' auf den Mainwiesen.

Auch im Hafentorquartier hat sich eine Kunst- und Kulturszene etabliert, die sich stetig ausweitet: Im Erdgeschoss eines denkmalgeschützten Mainhafen-Gebäudes von 1924 befinden sich mittlerweile zehn Ateliers von Künstlerinnen und Künstlern, die teils auch hier wohnen. Diese beleben durch kreative Aktivitäten wie Ausstellungen und Atelierrundgänge das Hafentorquartier oder setzen eigene gestalterische Akzente im Wohnumfeld.

Neben langjährigen und neu zugezogenen Mietern beherbergt das Gebäude verschiedene soziale Einrichtungen und freie Träger. Die vom ‚Jugend Kulturzentrum KUZ' betriebene Galerie ‚Freihafen' etwa präsentiert hier regelmäßig Ausstellungen.

Am Hafenplatz 5 befindet sich zudem das Büro des Quartiersmanagements, als Ansprechpartner vor Ort für Kreative und andere Bewohner des Quartiers.

palette-hanau.de | ausstellung.pupille-art.de | lukas-gilde.de | gsk-steinheim.de | artemisia-kuenstlerinnenbund.de | kuenstlerbund-simplicius-hanau.de | kunstwerk-hanau.de | hanau-art13.com | Quartiersbüro Hafentor, Hafenplatz 5, 63450 Hanau, quartiersbuero@hanau-hafentor.de | facebook.com/KUZHanau | Tipp: Unter dem Stichwort ‚Tacheles Offspaces – Kunst statt Leerstand' werden freie Ladenflächen für Kunstaktionen genutzt: tacheles-hanau.jetzt

Kunstmarkt mit Künstlergruppen

Atelierhaus Hafentor

42

FABELHAFTE ANSICHTEN

Von Sketching und Strichmännchen

Eigentlich ist Holger Kliem PR- und Marketing-Experte für den Profifußball. Doch sein Herz hängt auch an der Malerei – und am ‚Sketching'. Bei dieser Methode entstehen minimalistische Skizzen urbaner Szenen im Comic-Stil, die bei Kindern wie Erwachsenen Anklang finden. Doch auch vollflächig bemalte Bilder mit kräftig leuchtenden Farben enthält sein Repertoire. Vielleicht ist der Künstler manch einem bereits im Stadtbild aufgefallen, denn der Hanauer mit Leib und Seele zeichnet oft seine Heimatstadt. „Hanau ist interessant, hat graue Ecken, aber auch viele schöne, bunte, und erfrischende Flecken. Die mit meinen Augen zu sehen und in meinen Farben festzuhalten, das macht mir Spaß", erklärt Kliem. Mit leiser Ironie und wenigen Strichen zeichnet er etwa den Hanauer Wochenmarkt oder das Lamboyviertel. Die Liebe zur Kunst wurde ihm in die Wiege gelegt. Seine Mutter war Absolventin der Zeichenakademie und arbeitete im Goldschmiedehaus. Kliem begleitete sie oft, wenn sie dort Kunstausstellungen dekorierte. Zudem wohnte die Familie in der Nachbarschaft des Hanauer Künstlers August Peukert, dessen Arbeiten, wie auch die von August Gaul, Kliem bis heute begeistern.

Auch der Comic-Zeichner, Graphiker und Illustrator ‚Rautie' ist Hanauer durch und durch und hat die Stadt schon in vielfacher Weise karikiert und zu Papier gebracht. Doch berühmt ist Rautie vor allem für seine humorigen Strichmännchen. Alles fing in den 1990ern an. Aus dem Hanauer Stadtmagazin ‚Banane' entwickelte sich die Gemeinschaft ‚Kix Multimedia', die als eine Gruppe von Comic-Zeichnern und Bands Bekanntheit erlangte. Rauties Strichmännchen erhielten bald Auszeichnungen. Heute bevölkern sie – teils in Zusammenarbeit mit befreundeten Künstlern – zahlreiche Comic-Serien, wie etwa ‚Willi The Kid', das regelmäßig in Zeitungen erscheint. Zudem entstanden Comic-Geschichten etwa über die Hasenfamilie ‚Rappelrübe' oder – in ‚CoCo-Fisch' – über einen depressiven Emo und einen vorlauten Goldfisch oder über das Strichmännchen ‚Fitzgerald'. In ‚Stuss' vereint Rautie schräge Ideen, die ihm nach Feierabend einfallen. Auch produziert er eine Reihe von Merchandisingprodukten, gibt Zeichenkurse für Kinder und ist als Illustrator gefragt. Seine Acrylbilder zeigte er bereits in vielen Ausstellungen – und auch in ‚Rauties Kunsthaltestelle' in der Hospitalstraße 19 sind sie zu sehen.

info@kliem-sketchingillustrating.com, kliem-sketchingillustrating.com | Rautie Comic & Illustrationen, rautie@rautie.de, rautie.de, Rauties Kunsthaltestelle: Hospitalstr. 19, 63450 Hanau, Termine nach Vereinbarung

Rautie

Holger Kliem

43 DEUTSCHES GOLDSCHMIEDEHAUS

Es ist nicht alles Gold, was hier glänzt, aber vieles

Hanau ist das Mekka der Gold- und Silberschmiedekunst. Bereits in Alt-Hanau waren Gold- und Silberschmiede ansässig. Mit der Gründung der Hanauer Neustadt 1597 siedelten sich weitere Kunstschmiede an, die sich 1610 zur ‚Zunft der Gold- und Silberschmiede' zusammenschlossen und damit die Blütezeit der Schmiedekunst in Hanau in der zweiten Hälfte des 18. Jahrhunderts begründeten.

Heute ist das prachtvolle Goldschmiedehaus am Altstädter Markt das zentrale Ausstellungsgebäude in Hanau für Schmuck und Gerät. Auf drei Etagen sind hier fantasievoll gestaltete Schmuckstücke aus Gold mit und ohne kostbare Steine zu bewundern. Aber auch silberne Werke wie Leuchter, Gefäße, Schmuck oder Objekte aus ‚unedlen' Metallen bis hin zu Kunststoffen finden sich im Haus wieder. Die Bandbreite der wechselnden Ausstellungen reicht von historischem Schmuck und Tischgeräten bis zu modernen Objekten, die von lokalen wie internationalen Designern präsentiert werden. Mit Gestaltungswettbewerben wie der Silbertriennale, dem Friedrich-Becker-Preis und dem Celia Holtzer Stipendium fördert man die Zurschaustellung zeitgenössischer Gestaltungstendenzen in Schmuck und Gerät ohne Beschränkung von Material und Technik.

Der mächtige Fachwerkbau mit den gestuften Giebelseiten wurde erst 1942 zum Deutschen Goldschmiedehaus. Um 1537 als prächtiges Rathaus errichtet, hatte es im 19. Jahrhundert seinen Zweck verloren, da die städtische Verwaltung nun in der rasant wachsenden Hanauer Neustadt zu finden war. Trotzdem konnte 1958, in Gegenwart des ersten Bundespräsidenten der Bundesrepublik Deutschland Theodor Heuss, der Wiederaufbau des kriegszerstörten Fachwerkgebäudes gefeiert werden.

1985 bezog, nach einer Renovierung, die 1932 in Berlin gegründete ‚Gesellschaft für Goldschmiedekunst' ihre Geschäftsstelle im Dachgeschoss. Seit 2006 führt sie die Ausstellungshalle, in der regelmäßig auch Workshops für Kinder und Erwachsene zum kreativen Mitmachen und Gestalten des eigenen Schmucks einladen. Zudem werden Führungen, Schmuckstück-Beratungen oder die Teilnahme an einem Kultur-Dinner geboten.

Deutsches Goldschmiedehaus/Gesellschaft für Goldschmiedekunst e. V., Altstädter Markt 6, 63450 Hanau, Öffnungszeiten Di-So 11-17 Uhr, goldschmiedehaus.com oder museen-hanau.de, | Wissenswert: Eine historische Sammlung der Hanauer Gold- und Silberschmiedekunst von den Anfängen bis ins 20. Jahrhundert ist im Historischen Museum in Schloss Philippsruhe zu finden. | museen-hanau.de

DEUTSCHES
GOLDSCHMIEDE
HAUS
Schmuck
der Berg-
völker Asiens

STAATLICHE ZEICHENAKADEMIE HANAU

Gold- und Silberschmiedekunst erlernen

Die Hanauer Zeichenakademie ist – neben dem Deutschen Goldschmiedehaus → **43** – untrennbar mit Hanaus großer Tradition der Goldschmiedekunst verbunden und zählt zu den ältesten Ausbildungsstätten der Edelmetallbearbeitung Deutschlands. Hinter der für Außenstehende scheinbar irreführenden Bezeichnung steht eine Berufs-, Berufsfach- und Fachschule für Edelmetall gestaltende Berufe. Hier können Ausbildungsberufe wie Gold-, Silberschmied, Edelsteinfasser, Metallbildner oder Graveur erlernt werden. In einer 2-jährigen Weiterbildung kann man sich auf die Meisterprüfung vorbereiten, bei der individuelle Gestaltungsprofile weiterentwickelt werden. Durch eine strategische Partnerschaft mit der ‚Brüder-Grimm-Berufsakademie Hanau' → **45** ist es zudem möglich parallel zur Ausbildung mit einem Studium einen Bachelor in Produktgestaltung und Designmanagement zu erwerben.

Bereits 1772 wurde die Lehranstalt als Zeichenschule für Handwerker durch den Grafen zu Hanau, Wilhelm IX. von Hessen-Kassel, gegründet. Die hiesigen Gold- und Silberschmiede wünschten sich eine Ausbildungsstätte, damit der Nachwuchs ihrer Werkstätten im internationalen Wettbewerb bestehen konnte. Maler und Bildhauer wurden als Lehrer angestellt. Zeichnen nach Vorlagen aus der Kunstgeschichte, der Architektur und nach Modellen war die notwendige Kenntnis, um für die Kundschaft ein gewünschtes Schmuckstück oder Tischgerät anschaulich zu skizzieren. Dieser Unterricht führte dazu, dass namhafte Künstler die Hanauer Zeichenakademie als ersten Schritt für einen erfolgreichen Werdegang ansahen. Bedeutende Maler wie Anton Wilhelm Tischbein und Moritz Daniel Oppenheim → **53**, Friedrich Bury oder Reinhold Ewald und Bildhauer wie August Gaul, Max Wiese, Claus Bury oder Gestalter wie Hugo Leven sowie Christian Dell und Wilhelm Wagenfeld → **48** waren Schüler, Lehrer oder Direktoren an der Akademie. Andere Künstler wie Theodor Pelissier, Friedrich Carl Hausmann, Georg Cornicelius, August Offterdinger, Hermann Jünger, Karl Lang oder Albrecht Glenz prägten die Hanauer Kunstszene und auch die Erzeugnisse der zahlreichen Hanauer Edelmetallbetriebe. Mit dem Label ‚Staatliche Zeichenakademie Hanau' wird bis heute für das kreative Schaffen der Schüler und Absolventen geworben.

Staatliche Zeichenakademie Hanau, Akademiestr. 52, 63450 Hanau,
info@zeichenakademie.de, zeichenakademie.de

zeichenakademie.de

STUDIEREN, BILDEN & BEGEGNEN

Berufsakademie | Familienakademie | Seniorenbüro

Die staatlich anerkannte ‚Brüder Grimm Berufsakademie Hanau' (BGBA) ist eine junge private Studieneinrichtung. Unter dem Motto „Design und Innovation dual studieren" bietet die BGBA etwas, das noch keiner hat: ein duales Studium in einem der drei Bereiche Produktgestaltung, Designmanagement oder Innovationsmanagement und Marketing mit integrierter Ausbildung.
Die Studierenden absolvieren in sieben Semestern ein Bachelor-Studium in Kombination mit einem staatlich anerkannten Ausbildungsberuf und erhalten zwei vollwertige Abschlüsse: den Bachelor of Arts sowie den Abschluss der in das Studium integrierten Berufsausbildung. Je nach Studiengang erfolgt die praktische Ausbildung in einem externen Unternehmen, in der Staatlichen Zeichenakademie Hanau oder im Beruflichen Schulzentrum Odenwaldkreis.
In dem akademisch fundierten und zugleich praxisnahen Studium werden die Studierenden auf den Einstieg ins Berufsleben vorbereitet und verfügen über eine gute Ausgangsposition auf dem Arbeitsmarkt. Voraussetzungen sind das Abitur/die Fachhochschulreife, ein bestandener Eignungstest sowie ein Ausbildungsplatz.

Auf Bildung für alle Generationen setzt die Familienakademie der Kathinka-Platzhoff-Stiftung und bietet in Zusammenarbeit mit der Wallonisch-Niederländischen Gemeinde vielfältige Kurse an. Im Bereich Kinder, Familie und Erziehung können Kinder etwa ihrer Neugier auf Wissenschaft und Forschung nachgehen und selbstständig Experimente durchführen oder das einfache Spiele-Programmieren erlernen. Außerdem gibt es Kurse zum Thema Gesundheit und Entspannung sowie speziell für Senioren etwa ein Gedächtnistraining oder Kurse zum ‚Umgang mit dem Smartphone'. Beim ‚Impuls Kaffee' wird jeden Monat ein anderes wissenswertes Thema für Senioren vorgestellt. Auch Ausflüge stehen auf dem Programm, das teils moderat kostenpflichtig ist. Die Familienakademie wird von einer Stiftung der 1981 verstorbenen Kathinka Platzhoff getragen, einer Enkeltochter des Hanauer Firmengründers Wilhelm Heraeus.

Ein reiches Beratungs-, Kurs- und Ausflugsprogramm für ältere Menschen bietet auch das Seniorenbüro Hanau an. Wanderungen, Radtouren, Sprach- und Kreativkurse sowie Patenschafts-Projekte laden zum Mitmachen ein.

Brüder-Grimm-Berufsakademie Hanau, University of Cooperative Education, Akademiestr. 52, 63450 Hanau, studierendensekretariat@bg-ba.de, bg-ba.de | Familienakademie, Kathinka-Platzhoff-Stiftung, Französische Allee 12, 63450 Hanau, familienakademie@kp-stiftung.de, kp-stiftung.de | Seniorenbüro Hanau, Haus am Steinheimer Tor, seniorenbuero@hanau.de, Veranstaltungsprogramm: hanau.de/vielfalt-leben/familie-und-kinder/hanau-im-alter

Brüder Grimm Berufsakademie

Familienakademie in der Ruine der Wallonischen Kirche

46 SCHMUCK FÜR KÖRPER UND RAUM

Die Ateliergemeinschaft ‚Made in Hanau'

Den Schmuckdesignern der Ateliergemeinschaft ‚Made in Hanau' ist nichts zu schwer oder zu ungewöhnlich. 1994 von Goldschmiedeschülern der Staatlichen Zeichenakademie Hanau gegründet, gehört die Gemeinschaft heute zu den bekanntesten Adressen im Rhein-Main-Gebiet. Die Designerinnen und Designer fertigen ihre Kreationen aus teils unerwarteten Materialien oder auch individuell nach Kundenwunsch. Schon 50 Künstler waren oder sind seit 1994 bei ‚Made in Hanau' Mitglied.

Heute ist hier etwa Michel Pfister zu finden, der neben Edelmetall und Edelsteinen, auch Materialien wie Eierschalen, Kieselsteine, Holz und vieles mehr zu außergewöhnlichen Schmuck-, Tisch- und Raum-Objekten kombiniert.

Elke Schmid fertigt individuelle Stücke mit außergewöhnlichem Design. Klare Linien oder feine Oberflächenstrukturen zieren ihre stets modernen und zugleich kunstvollen Schmuckstücke.

Die Passion von Rosa Mauro ist es, unauffällige Dinge des Alltags in einen neuen Kontext zu setzen. Ein Kabelbinder etwa fasst Edelsteine ein und wird so zum Juwelenschmuck. Bikiniverschlüsse werden ineinander gehängt, so dass ein flexibler Ring entsteht.

Christine Schönau hat sich dem anthrazitfarbenen Metall Tantal verschrieben, das mit konventionellem Goldschmiedewerkzeug kaum zu bearbeiten ist. Mittels Tauschieren und diverser Techniken gestaltet sie ihre Schmuckarbeiten und wurde dafür 2019 mit dem ‚German Design Award' ausgezeichnet.

Die Schmuckstücke von Eva Subas zeichnen durch klare Linien und skulpturale Formen aus und sind inspiriert durch die Philosophie und das Schöne im menschlichen Alltag.

Claire Selby zog mit ihrem Kunststudium in der Tasche von den USA nach Hanau, um hier die Kunst des Goldschmiedens zu erlernen. Heute erschafft sie aus Altem Neues: So wird etwa aus Omas goldener Diamantbrosche ein neuer Ring oder ein Eislöffel zum bunten Ohrschmuck.

Das Malen und Zeichnen zog sich durch Ann-Christin Schultes ganzes Leben und ist bis heute wichtiger Bestandteil ihrer Schmuckideen. Inspiration findet sie in der Natur mit ihren vielfältigen Formen und Farben.

Die Ateliergemeinschaft ‚Made in Hanau' ist u.a. auch auf dem alljährlichen ‚Glanzstücke'-Schmuckmarkt sowie auf dem Kunsthandwerkermarkt in Hanau zu finden.

Made in Hanau GbR, Gemeinschaftsatelier, Schnurstr. 15, 63450 Hanau, galerie@made-in-hanau.de, made-in-hanau.de | Tipp: In Hanau finden alljährlich verschiedene Schmuck-, Kunst- und Kunsthandwerkermärkte statt. Informationen unter: hanau.de/freizeit/maerkte/kuenstlermaerkte

47 SCHÖNES AUS EDLEM METALL

Martin Hardt | Mobiles von Lappalainen

Sein Schmuck erscheint in internationalen Hochglanzmagazinen, von der Vogue bis zu Men's Health: Der Hanauer Schmuckdesigner Martin Hardt kreiert Ketten, Armbänder oder Ringe, die nicht nur dem Betrachter auffallen, sondern auch die Trägerinnen auf der Haut spüren. „Das Einfache ist das Schwierige“, lautet der Grundsatz des Designers, der oft klassische Formen zeitgemäß reduziert. Als Material verwendet er Sterlingsilber, teils in Verbindung mit Steinen, die schon im Altertum verarbeitet wurden. Die Punzierung, den Stempel, setzt Martin Hardt als Gestaltungselement ein, ebenso wie den Verschluss der Ketten, der zu seinem Markenzeichen wurde: Ein großer Haken mit dicken Ösen.
Der gebürtige Bonner kam nach Hanau, um an der berühmten Zeichenakademie zu studieren – und blieb. Hier baute er sich nicht nur seine in knallrot gehaltene Werkstatt auf, sondern traf auch die Frau fürs Leben, Textildesignerin Sanja Zivo. Schönheit und Sinnlichkeit gehören für Martin Hardt zusammen, weshalb er seine Schmuckstücke oder Minikleider aus Ösen gerne auf nackter Haut präsentiert. Auch eine Figur zum Hanauer Märchenpfad → **27** hat er beigetragen, ‚Den gestiefelten Kater‘ in der Langstraße.

Eigentlich wurde Wilfrid Kreutz, wie so viele Künstler in Hanau, an der Zeichenakademie zum Silberschmied ausgebildet. Viele Jahre war der gebürtige Pforzheimer in diesem Beruf tätig. Später bildete er sich weiter und ließ sich etwa vom US-amerikanischen Bildhauer Alexander Calder inspirieren, der mit seiner kinetischen Kunst als Erfinder des Mobiles gilt. Mit kleineren Mobiles fing er selbst an, freischwingende dekorative Elemente aus Draht und Messing- oder Kupferblechscheiben zusammenzubauen. Heute sind seine Mobiles bis zu vier Meter hoch und werden über das Label ‚Lappalainen‘ erfolgreich in der ganzen Welt verkauft. Auch formschöne Kerzenständer, Lampen und Vintageobjekte, die Wilfrid Kreutz selbst restauriert, werden über die Webseite vertrieben. Mittlerweile unterstützen ihn zwei Goldschmiedinnen bei der vielfältigen Arbeit.
Die Manufaktur befindet sich in einem Backsteinbau in der Kesselstädter Kastanienallee und beherbergte einst den legendären Club ‚Ku Ba‘, den Kulturbazar. Dort traten Bands aus dem In- und Ausland auf, darunter Ende 1989 Kurt Cobain mit seiner Band ‚Nirvana‘, den späteren Ikonen des Grunge.

Martin Hardt, info@martinhardt.de, martin-hardt.com |
Lappalainen, Kastanienallee 20, 63454 Hanau, hallo@lpln.de, lpln.de

Schmuck von Martin Hardt

Mobile von Lappalainen

48 WAHRE ERLEUCHTUNG

Designklassiker ‚idell' | Wagenfeld ‚WG24'

Ein schwarz lackierter, rundgewölbter Lampenschirm auf einem beweglichen Arm, diese Lampe gehörte Jahrzehnte zur Ausstattung unzähliger Büros oder – mit ausziehbarem Wandhalter oder Klemme – Werkstätten. „Der Arbeit zu Nutz' – den Augen zum Schutz!" lautete der Werbeslogan für die bei der Firma Kaiser aus Neheim hergestellte ‚Kaiser idell Arbeitslampe'.
Gestalter Christian Dell wurde 1893 in Offenbach geboren. Er war in Hanau als Silberschmied bei J. D. Schleißner tätig und besuchte bis 1910 zugleich die hiesige Zeichenakademie. Anschließend ging er an die Kunstgewerbeschule nach Weimar. Von 1922 bis 1925 war er als Werkmeister der Metallwerkstatt am Bauhaus tätig, wo er etwa für Klee, Schlemmer und László Moholy-Nagy arbeitete. 1926 übernahm Dell die Leitung der Metallwerkstatt der Frankfurter Kunstschule. Hier entwarf er diverses Silbergerät und entwickelte die Leuchtentypen ‚Rondella'. Im Katalog der Firma Kaiser von 1936 ist schließlich die berühmte Lampe ‚Kaiser idell' erstmalig zu sehen. Später widmete sich Christian Dell der Gestaltung von Silberwaren und betrieb bis 1955 ein Juweliergeschäft in Wiesbaden, wo er 1974 auch starb.

Auch die ‚Wagenfeldlampe' ist ein Klassiker. Die Ikone der Bauhaus-Moderne leuchtet im Eigenheim genauso wie in Kanzleien oder Büros. Meist handelt sich dabei nicht um das Original-Modell, sondern um einen modifiziert-elektrifizierten Nachbau oder um typenähnliche Plagiate.
Der 1900 in Bremen geborene Wilhelm Wagenfeld begann dort eine Lehre in einer Silberwarenfabrik und besuchte die Kunstgewerbeschule. Ein Stipendium ermöglichte ihm 1919-1922 das Studium an der Hanauer Zeichenakademie. Danach besuchte er die Hochschule für Gestaltung in Weimar, das ‚Bauhaus'. 1924, als Student, entwarf Wagenfeld die ‚WG24'. Sie entsprach nicht unbedingt den klaren Gestaltungsideen des Bauhauses, erinnerte der kugelartige Lampenschirm aus Glas manch einen doch an eine Petroleumleuchte aus der Kaiserzeit. 1930 wurde die Produktion eingestellt. Doch ab 1980 begann der bis heute andauernde Siegeszug der berühmten Designerlampe. Zuvor bewarb sich Wagenfeld 1947 erfolglos auf die Direktorenstelle der Zeichenakademie. Ab den 1950ern arbeitete er für die Metallwarenfabrik WMF. Er gilt als einer der wichtigsten Industriedesigner Deutschlands.

Christian Dell (1893-1974) | Wilhelm Wagenfeld (1900-1990)

Lampenklassiker iDell

Moderne Duplikate der Wagenfeld-Lampe

49 PRODUKTDESIGN GESTERN & HEUTE

Peter Raacke | Lars Contzen

Mit dem Entwurf des Essbestecks ‚mono-a' hat er Designgeschichte geschrieben. Der Produktdesigner Peter Raacke hat zahlreiche Gebrauchsgegenstände geschaffen, die die Alltagskultur der Bundesrepublik geprägt haben. 1966 entwickelte er eine Reihe von Pappmöbeln aus Wellpappe, die mit geringen Kosten und hohen Auflagen für breite Massen erschwinglich waren. Raacke hatte sie in seinem von 1966–1972 bestehenden Hanauer Designbüro kreiert und nannte sie ‚papp-otto' und ‚twen-papp'. Nachdem er 1958 die Besteckreihe ‚mono' aus Edelstahl für die Hessischen Metallwerke entworfen hatte, folgten Werkzeugkoffer aus Kunststoff, die zum coolen Aktenkoffer avancierten, Türklinken, Rattanmöbel oder Betten für die Hanauer Dunlopillo Werke.
Peter Raacke wurde 1928 in Hanau geboren. Sein Vater war Schornsteinfegermeister der Stadt. Raacke machte eine Ausbildung an der Hanauer Zeichenakademie und wurde Goldschmied. Später orientierte er sich Richtung Design. Als Professor für Industriedesign, etwa an der Hochschule für Bildende Künste Hamburg, beeinflusste er viele junge Designer. Bis 1993 führte er ein Designbüro in Berlin, wo er auch starb.

Einer der bekanntesten Künstler der heutigen Hanauer Designszene ist Lars Contzen. Begonnen hat er mit Tapetendesigns und Wandfarben. Von 2007–2015 kreierte er acht Tapetenkollektionen unter der Marke ‚Lars Contzen' für einen der größten europäischen Tapetenhersteller. Im Rahmen des Projekts ‚In Search of the perfect Colour' durchfuhr er mit einem Wohnmobil europäische Landschaften und ließ sich zu einer Wand-Farbserie in 60 Tönen inspirieren. Seine form- und farbschönen Ideen, die mal in gedeckten Pastelfarben, mal intensiv leuchtend daherkommen, übertrug Contzen auch auf die Gestaltung weiterer Interieurs wie Fußbodenbeläge, Möbel, Heimtextilien und Architekturglas.
Heute ist der Produktdesigner, der mehrere Designpreise erhielt, im Bereich Markenaufbau und Fotografie tätig.
Der in Frankfurt geborene Lars Contzen studierte Malerei in New York und Kunst an der Universität Mainz. 1997 richtete er sein Atelier im Hanauer ‚Drahtwerk' ein, bevor er sich in Großauheim niederließ. Sein ‚Bootshaus Studio' befindet sich in den Räumlichkeiten eines ehemaligen Rudervereins – mit Flusslage und Blick auf den Main. Contzen ist auch Mitinhaber der ‚Mein Main GmbH' → **15**.

Peter Raacke (1928-2022) |
Wissenwert: Der Schauspieler Dominic Raacke ist der Sohn von Peter Raacke. |
Bootshaus Studio, Lars Contzen, Alte Langgasse 32, 63457 Hanau,
info@bootshaus-studio.com, www.bootshaus-studio.com

Lars Contzen im Bootshaus Studio

50

SCHLOSS PHILIPPSRUHE

Märchenhaftes Schloss & Historisches Museum

Das direkt am Main gelegene Schloss Philippsruhe ist das älteste nach französischem Vorbild erbaute Barockschloss östlich des Rheins und eines der bedeutensten Baudenkmäler Hessens. Namensgeber des 1701 als Sommerresidenz erbauten Schlosses ist Graf Philipp Reinhard von Hanau. Vorbild war das Lustschloss Clagny bei Paris. Im Laufe der Jahre wurde es mehrfach verändert und modernisiert, 1875-80 etwa durch den dänischen Architekten Ferdinand Meldahl sowie mit einem Schlosspark im englischen Stil umgeben.

Seit 1967 war es Heimat eines vollumfänglichen Historischen Museums der Stadt Hanau. Im Zuge der Hessischen Gebietsreform 1974 entstand ein neues Museumskonzept, das die eingemeindeten Stadtteile berücksichtigte. Die Vor- und Frühgeschichtliche Sammlung wurde in das Schloss Steinheim verlagert → **70** und im Museum Großauheim werden seitdem Volkskunde, Industriegeschichte sowie die Kunstsammlungen Gaul und Peukert präsentiert → **74**. Das Historische Museum der Stadt Hanau verblieb im Schloss Philippsruhe und widmet sich der regionalen und überregionalen Geschichte der Stadt. Die untere Etage beherbergt die Ausstellung ‚Moderne Zeiten Hanau 1848–1946‘ und zeigt den Aufbruch der Stadt in die Moderne zwischen der 1848er-Revolution und dem Wiederaufbau nach dem Zweiten Weltkrieg. In den prunkvollen Sälen der oberen Beletage, der gräflichen Wohnung, ist ab Herbst 2023 die Ausstellung ‚Gründung der Hanauer Neustadt‘ zu sehen, die die Entstehung des damals neuartigen Stadtteils beleuchtet und dabei auch Kunst und Kunsthandwerk Hanaus präsentiert. Höhepunkte sind die Werke der frühen Hanauer Silber- und Goldschmiedekunst, wie etwa der ‚Hanauer Ratspokal‘, oder Bilder der Hanauer Maler Daniel Soreau, Anton Wilhelm Tischbein oder Moritz Daniel Oppenheim.

Die Brüder Grimm und ihr Malerbruder Ludwig Emil werden seit 2019 im Mitmach-Museum ‚GrimmsMärchenReich‘ präsentiert, das sich ebenso hier befindet wie das einzige Papiertheatermuseum Deutschlands. Das Museum lädt zu zahlreichen Veranstaltungen sowie Workshops ein und im Schlossgarten lässt sich ein Skulpturenpark erkunden. Zudem kann hier geheiratet werden, denn das Standesamt der Stadt Hanau befindet sich vor Ort. Die Gastronomie im Gewölbekeller und auf der Schlossterrasse laden zum Verweilen ein.

Historisches Museum Hanau Schloss Philippsruhe mit Papiertheatermuseum und Grimms MärchenReich, Philippsruher Allee 45, 63454 Hanau, Öffnungszeiten Di-So 11-18 Uhr, www.museen-hanau.de

51 BEGEHRTE KOSTBARKEITEN

Ratspokal | Hanauer Fayence

Der Hanauer Ratspokal ist eines der bedeutensten Stücke und Besuchermagnet im Historischen Museum Hanau → **50**. Um ihn rankt sich eine geheimnisvolle Geschichte, die sogar als Vorlage für einen historischen Kriminalroman diente → **31**. Sicher ist, dass sich in Folge der Gründung der Hanauer Neustadt um 1621 auch der Nürnberger Silberschmied Johannes (Hanns) Rappolt hier ansiedelte. Er gilt als möglicher Kreateur des in Silber getriebenen, punzierten und ziselierten sowie vergoldeten Werks, das fast 2 Kilo wiegt. Der Verwendungszweck, ebenso wie der Auftraggeber, liegen bis heute im Dunkeln. Klar ist, dass damals neben Goldschmuck auch Tischgerät aus Silber wie Gefäße, Kerzenleuchter oder kostbare Pokale, die auf der Frankfurter Messe ihre Kunden fanden, im Trend lagen.
Die Verzierungen des Ratspokals zeigen allegorische Darstellungen der Tugenden Tapferkeit, Demut oder Mäßigkeit und werden von der ‚Justitia' oben bekrönt. Ende des 19. Jahrhunderts wurde das wertvolle Stück in einer Kiste im Rathaus entdeckt – und verkauft. 1911 verliert sich seine Spur. Erst 70 Jahre später konnte es mittels privater Spender und Stiftungen zurückgekauft werden.

Seit mehr als 200 Jahren wird in Hanau keine Fayence mehr produziert, dennoch erfreut sich die meist blau-weiße Keramik bis heute zahlreicher Sammler. 1661 reichten zwei eigentlich in Frankfurt ansässige niederländische Kaufleute in Hanau das Gesuch ein, eine ‚Porzelain-Backerey' errichten zu dürfen, nachdem sich der Frankfurter Rat zögerlich verhalten hatte. Dem Hanauer Grafen Friedrich Casimir passte dies gut in seine merkantile Politik. Bald entstanden in der hiesigen Manufaktur kostbare Keramiken, Vasen, Teller und Schalen für den Adel und gut betuchte Bürger. Sie wurden aus heimischem Ton der Bischofsheimer Tongruben gefertigt und mit weiß deckender Glasur versehen. Die blaue Verzierung ahmte das begehrte teure chinesische Porzellan nach. Da man so dem bis dahin nur im Niederländischen hergestellten ‚Delfter Porzellan' Konkurrenz machte, wurden die Hanauer Stücke aus Rechtsgründen oft nicht gekennzeichnet. In Frankfurt oder Offenbach erwuchsen Konkurrenzbetriebe und 1708 gelang Johann Friedrich Böttger in Meißen für August den Starken die Herstellung des ersten europäischen Porzellans. Ende des 18. Jahrhunderts wurde die Hanauer Fayence Manufaktur geschlossen.

Johannes Rappolt (1583 - 1625) | Hanauer Fayencemanufaktur 1661 bis 1810

Hanauer Ratspokal (Detail)

Musterbeispiel für eine Fayence-Bemalung

52 EIN STÜCK INDUSTRIE- & KUNSTGESCHICHTE

E.G. Zimmermann | Daniel Soreau

Mit der Industrialisierung im 19. Jahrhundert brach eine neue ‚Eisenzeit' an. Dampfschiffe, Motoren, Eisenbahnen, aber auch Schmuck, Schreibzeuge und Rauchersets aus Eisen wurden produziert. Die Befreiungskriege gegen die napoleonische Besetzung kosteten Geld. Bürgertum und Adel waren deshalb aufgerufen, Schmuck zu spenden. Als Gegenleistung erhielt man eiserne Medaillen. Die Männer bekamen für den Kriegsdienst Eiserne Kreuze. In der preußischen Hauptstadt Berlin kam der Eiserne Schmuck und Accessoires als ‚Fer de Berlin' in Mode und galt als Ausdruck patriotischer Gesinnung.

Der aus Marburg stammende Ernst Georg Zimmermann errichtete in Hanau gemeinsam mit einem Berliner Eisenfabrikanten eine Gießerei, um Eisenkunstguss zu fertigen. Bis zum Ersten Weltkrieg wurden in der Lothringerstraße Eisen- und Bronzewaren wie Schachspiele, Kerzenleuchter, Uhren oder Spiegel produziert, die bis heute großen Sammlerwert haben.

Später stieg die Firma auf Natursteinverarbeitung um. Noch jahrzehntelang leuchtete bläulich die über 10 m lange Leuchtreklame: „Marmor ist kein Luxus" am Hanauer Nachthimmel.

Äpfel, Trauben, Blumen, aber auch tote Fische und Vögel versinnbildlichen den Genuss des Augenblicks und sind zugleich Mahnung an die Vergänglichkeit des Lebens. Die Stilllebenmalerei erfreute sich im 17. Jahrhundert einer großen Beliebtheit in den Niederlanden und Flandern, deren Bürger durch den Handel mit dem europäischen Ausland sowie durch ihre Übersee-Kolonien zu Wohlstand gelangt waren.

Angelockt durch das Wirtschaftsedikt Philipp Ludwig II. von Hanau-Münzenberg, hatte sich auch der aus Antwerpen stammende Kaufmann, Maler und Bildhauer Daniel Soreau in der Hanauer Neustadt niedergelassen – und wurde hier zu einer wichtigen Persönlichkeit. Er war Sprecher der Glaubensflüchtlinge und unterstützte den Hanauer Regenten bei Vorhaben in Wissenschaft, Architektur und Kunst. Seine Wollhandelsgesellschaft kontrollierte zeitweise den gesamten Wollhandel Hessens.

Mit seinen Söhnen Isaak und Peter unterhielt er eine Malerwerkstatt, die zum Sammelpunkt für wallonische Maler wurde und einen regen Austausch mit Malern aus Frankfurt betrieb. Als ‚Frankfurt-Hanauer Malerschule' prägte sie die frühe deutsche Stilllebenmalerei.

Ernst Georg Zimmermann (1807-1873) | Daniel Soreau (ca. 1554-1619) |
Isaak Soreau (ca. 1604-1645) | Peter Soreau (ca. 1604-1672)

Beispiel für ein Eisengussobjekt

Beispiel für ein Gemälde von Isaak Soreau

53

HANAUS BERÜHMTE MALER

Anton Wilhelm Tischbein | Moritz Daniel Oppenheim

Eines der bekanntesten Gemälde der Rhein-Main-Region ist das Bildnis des ruhenden Goethes in der Campagna von Johann Heinrich Wilhelm Tischbein. Wie dieser gehörte auch Anton Wilhelm der Künstlerdynastie Tischbein an, die aus einer Bäckersfamilie eines ehemaligen Zisterzienser-Klosters hervorging. Von neun Kindern wurden fünf Söhne Maler.

Anton Wilhelm Tischbein begann seine Lehre beim älteren Bruder Johann Valentin, dessen Stelle als Hofmaler in Laubach er zunächst übernahm. 1769 ließ er sich in der Stadt Hanau als Hofmaler nieder und fertigte etwa das bekannte . Bildnis des Erbprinzen Wilhelm von Hessen-Kassel, dem regierenden Grafen von Hanau, an, das ihn als Bauherrn mit Plänen zeigt → **58**. In der Burgruine der Kuranlage Wilhelmsbad erschuf der ‚Hanauer Tischbein' im Obergeschoss eine Ahnengalerie mit Porträts des hessischen Grafenhauses. Doch er malte nicht nur die Familienmitglieder seines fürstlichen Herren, sondern arbeitete auch für wohlhabende Patrizier aus Frankfurt, wie etwa Johann Christian Senckenberg oder die Familie Brentano. Ab 1772 wirkte er am Aufbau der Zeichenakademie in Hanau als Mitglied und Lehrer mit.

Ein weiterer bedeutender Maler Hanaus ist Moritz Daniel Oppenheim. Er kam noch im damaligen Ghetto, der Hanauer Judengasse, zur Welt → **38**. Als Junge erlebte er 1806 den Einmarsch der französischen Armee Napoleons und die damit verbundene Auflösung des Ghettos. Seine Ausbildung erhielt der jüdische Maler an der Hanauer Zeichenakademie. 1817 ging er an die Kunstakademie in München. Nach Aufenthalten in Paris sowie Italien kehrte er ins Hessische zurück und ließ sich 1825 als freier Künstler in Frankfurt nieder. Oppenheim erhielt zahlreiche Aufträge als Porträtist der Familie Rothschild und wurde ihr Kunstberater. Neben Porträts von Ludwig Börne, Heinrich Heine und Fanny Mendelssohn trat er mit der Darstellung altjüdischen Lebens und alttestamentarischer Szenen weltweit in Erscheinung.

Zu Ehren des in Hanau geborenen Malers wurde 2015 das Denkmal ‚Moritz und das tanzende Bild' auf dem neu gestalteten Freiheitsplatz errichtet. Der Entwurf von Robert Schad besteht aus einer überlebensgroßen figürlichen Darstellung Oppenheims von Pascal Coupot sowie einer rund 12 m hohen abstrakten Skulptur aus geknicktem Vierkantstahl.

Anton Wilhelm Tischbein (1730-1804) | Moritz Daniel Oppenheim (1800-1882)

Beispiel für ein Bildnis von Anton Wilhelm Tischbein (Familie Fellner)

Vor Selbstporträt Moritz Daniel Oppenheim, Historisches Museum Schloss Philippsruhe

54 ZWEI UNVERGESSENE PERSÖNLICHKEITEN
Paul Hindemith | Adolph Knigge

Paul Hindemith wurde 1895 in Hanau als Sohn eines musisch veranlagten Anstreichers geboren. 1905 zog die Familie nach Frankfurt. Der Vater ließ seine drei Kinder seit frühester Kindheit musikalisch unterrichten und als ‚Frankfurter Kindertrio' auftreten. Mit Zwanzig war Paul Hindemith bereits Konzertmeister an der Frankfurter Oper. Nach der Premiere seines Einakters ‚Das Nusch-Nuschi' 1921 avancierte er bei den ersten Donaueschinger Musiktagen mit seinem ‚Amar-Quartett', in dem er die Bratsche spielte, zum Publikumsliebling für zeitgenössische Musik, obwohl er das Konzertpublikum teils mit neuartigen Klängen, Dissonanzen und Jazz-Elementen provozierte. Während des Nationalsozialismus kam es zum Aufführungsverbot. Er emigrierte in die Schweiz, dann in die USA und lehrte in Yale wie in Zürich. Zeit seines Lebens betonte er das handwerklich musikalische Können als Grundlage des Komponierens, auch in seinen musiktheorethischen Schriften, und sah es als Pflicht an, sich sozialen Herausforderungen zu stellen. Als Dirigent beherrschte er alle gängigen Orchesterinstrumente. 1952 gab Paul Hindemith in seiner Geburtsstadt Hanau ein Konzert in der wieder aufgebauten Stadthalle im heutigen Congress Park – in dem Saal, der heute nach ihm benannt ist. Zu seinen bekanntesten Werken zählen die Oper ‚Mathis der Maler', ‚Cardillac' oder ‚Wir bauen eine Stadt, Spiel für Kinder'.

Adolph Freiherr von Knigge lebte ab 1777 am Hof des Erbprinzen und späteren Kurfürsten Wilhelm in Hanau, wo er auf eine Festanstellung hoffte. Er führte Regie am hofeigenen Theater in der Burg und ließ hier den Erbprinzen in einer – eher peinlichen – Vorstellung auftreten. In Ungnade gefallen, floh er 1780 nach Frankfurt und verhöhnte später in einem Roman die „Hofschranzen" und das ganze „Hofgeschmeisse". Der Freigeist und Anhänger der Französischen Revolution engagierte sich im radikalaufklärerischen Illuminatenorden. 1788 erschien sein berühmtes Werk ‚Über den Umgang mit Menschen'. Beabsichtigt war es als Aufklärungswerk, für den richtigen Umgang etwa mit Ärzten, Jähzornigen oder Schurken, was einem Enttäuschungen ersparen sollte. Viele ‚Benimmregeln' des ‚Knigge' fügte später der Verlag ein. In der Hanauer Stadtbibliothek wird eine Ausgabe des Buches aus dem Jahr 1796 aufbewahrt.

Paul Hindemith (1895-1963) | Adolph (Freiherr von) Knigge (1752-1796) |
Wissenwert: Ein Denkmal von Paul Hindemith des Bildhauers Faxe M. Müller befindet sich im Vorhof der Pestalozzischule/Paul-Hindemith-Musikschule, Ramsaystr. 12, 63450 Hanau

Hindemith-Denkmal von Faxe M. Müller

Bildnis Adolf Freiherr von Knigge

55 PHILIPP LUDWIG II.
Gründer der Neustadt

Auf dem Platz vor der Ruine der Wallonischen Kirche schaut von einem hohen Sockel die Büste des Grafen Philipp Ludwig II. von Hanau-Münzenberg herab, der als bedeutendster Landesherr der neuzeitlichen Hanauer Grafschaft gilt.
Erzogen im calvinistischen Glauben und auf langen Bildungsreisen im Ausland, trat er 1595 seine Regentschaft an.
Einerseits machte er zwar von seinem Recht zur Religionsbestimmung („cuius regio, eius religio") Gebrauch und führte als eine der ersten Maßnahmen eine ‚zweite Reformation' in der bis dahin lutherisch geprägten Grafschaft durch – ein Vorgang, den nicht alle Untertanen gut hießen.
Andererseits beförderte er die wirtschaftliche Entwicklung der Stadt wie keiner seiner Vorgänger. Philipp Ludwig kam mit niederländischen und wallonischen Kaufleuten aus dem benachbarten Frankfurt in Kontakt. Sie waren reformierten Glaubens wie er und entstammten den katholisch besetzten ‚Spanischen Niederlanden' (heute Belgien, Holland und nordöstlicher Teil Frankreichs). Da sie sich am lutherischen Frankfurter Bürgertum rieben, wurde 1597 die Gründung einer neuen Stadt in Hanau vereinbart, die ihnen Glaubens- und auch Gewerbefreiheit versprach. Rasch wurde mit dem Bau begonnen → **2** und 1600 folgte die Errichtung einer Doppelkirche → **56** für die beiden Gemeinden – der französischen Wallonen und der Niederländer.
Diese kluge Ansiedlungspolitik Philipp Ludwigs erzeugte einen Wirtschaftsaufschwung in der Stadt. Noch heute ist Hanaus größter Steuerzahler, die Firma Heraeus, eine Folge davon → **83**. Daneben reformierte er die Verwaltung, die Justiz und mit der Hohen Landesschule → **57** auch das Schulwesen. 1603 erlaubte er zudem die Gründung einer neuen jüdischen Gemeinde → **38**.
Das 300jährige Jubiläum der Neustadtgründung feierte man 1897 mit einem Festzug. Zur Erinnerung wurde an der Kirche ein Denkmal für Philipp Ludwig II. nach einem Entwurf von Max Wiese errichtet, damals Direktor der Zeichenakademie. Der Granitsockel zeigt das Wappen seiner drei Grafschaften: Hanau, Münzenberg, Rieneck. Die Relieftafel bildet die Übergabe der Kirchenschlüssel beider neustädtischer Gemeinden an den Grafen und seine Gattin ab. Der Regent wurde nur 36 Jahre alt.
Seine Grabstätte befindet sich in der Marienkirche → **65**.

Graf Philipp Ludwig II. von Hanau-Münzenberg (1576-1612) |
Tipp: An besonderen Tagen wird die gräfliche Grabstätte in der Marienkirche geöffnet.

56 WALLONISCH-NIEDERLÄNDISCHE KIRCHE

Das doppelte Gotteshaus

Zielstrebig setzte Graf Philipp Ludwig II. – nach der lutherischen Reformation seiner Vorgänger – eine zweite, calvinistisch orientierte Reformation in Hanau durch. Diese Lehre besagt, dass bereits vor der Geburt bestimmt ist, wer später in den Himmel kommt und dies auch durch ein frommes Leben nicht veränderbar ist. Ihre Anhänger konzentrierten sich daher eher auf ein weltlich erfülltes Leben als auf das Himmelsreich und folgten zugleich einer strengen Auslegung der Bibel. Demgegenüber konnte nach Luthers Meinung auch demjenigen Zugang zum Paradies beschieden sein, der ein frommes, sündenloses Leben lebte. Nachdem zwischen dem Grafen und ebenso reformierten Glaubensflüchtlingen aus Frankfurt 1597 die Gründung der Hanauer Neustadt vereinbart worden war, kam auch bald der Wunsch nach einer eigenen Kirche auf.
Ab 1600 entstand auf dem Kirchplatz an der Französischen Allee ein Doppel-Gotteshaus – in Form eines Rundbaus, statt wie sonst üblich in der Kreuzform. Für die französisch sprechenden Wallonen war wegen der größeren Anzahl an Gläubigen eine größere zwölfeckige und für die niederländisch sprechenden Flamen eine kleinere achteckige Kirche vorgesehen. Zu beiden Seiten der gemeinsamen Verbindungswand befanden sich die Kanzeln. Darüber erhob sich ein hölzerner Turm, der beiden Kirchen zugleich diente und der das heute im Rathaus ausgestellte Uhrwerk trug. Das hochgezogene Dach erinnerte an die spitzen Giebeldächer in den Städten der Niederlande und der norddeutschen Hanse. 1608 war die Wallonische und 1623 die Niederländische Kirche fertig.
Über 300 Jahre prägte das hohe Gotteshaus die Silhouette der Stadt, bevor es Ende des Zweiten Weltkriegs bis auf die Grundmauern ausbrannte. 1959 begann der Wiederaufbau des niederländischen Kirchteils. Hier ist heute die selbständige evangelisch-reformierte Gemeinde beheimatet. Die Ruine der wallonischen Kirche wurde zum Kriegsmahnmal erklärt. In ihren Mauern eröffnete 1987 zunächst ein Diakonie-Zentrum, worin sich heute die Familienakademie befindet → **45**. Im Innenhof der Ruine gestaltete der Hanauer Künstler und Pädagoge Walter Kromp ein Mahnmal zum Gedenken an den Bombenangriff vom 19. März 1945. Auf dem neugestalteten Kirchplatz wurde 2021 der begehbare ‚Neustadtplan' des Bildhauers Claus Bury eingeweiht.

Wallonisch-Niederländische Kirche, Französische Alleee 12, 63450 Hanau | Gemeindebüro der evangelisch reformierten Kirchengemeinde: info@wng-hanau.de wng-hanau.de, Tipp: Jeden Samstag um 12 Uhr gibt es in der Wallonisch-Niederländischen Kirche bei freiem Eintritt ‚Musik zur Marktzeit'. | Die Gemeinde kooperiert mit der Familienakademie der Kathinka-Platzhoff-Stiftung.

Ruine Wallonische Kirche mit Niederländischer Kirche im Hintergrund

57 WISSENSVERMITTLUNG DAMALS & HEUTE

Hola | Wetterauische Gesellschaft

Aufgrund der Pest-Epidemie 1605–1607 hatte man die ‚Deutsche Schule' in Hanau geschlossen. Am 18. Juli 1607 stiftete deshalb Graf Philipp Ludwig II. von Hanau-Münzenberg die neue ‚Hohe Landesschule Hanau' – ein akademisches Gymnasium (‚gymnasium illustre'), das gymnasiale und universitäre Studien verband. Die Schule hing der reformierten Glaubenslehre an und bildete bis Anfang des 19. Jahrhunderts reformierte Pfarrer für die Grafschaft Hanau-Münzenberg aus. Es gelang nicht, sie zu einer Universität zu entwickeln. Als Teil des Großherzogtums Frankfurt wurde die reformierte Hohe Landesschule 1812 mit dem lutherischen Gymnasium fusioniert.

Heute ist die ‚Hola' ein Gymnasium der Stadt Hanau. Das erste Gebäude befand sich am Freiheitsplatz und wurde im Zweiten Weltkrieg zerstört. Einzig das Renaissanceportal konnte die Zeit überdauern und befindet sich auf dem heutigen Schulgelände. Das beliebte Gymnasium, das nun in einem zweckmäßigen Flachbau logiert, wurde als MINT- und Digitale Schule ausgezeichnet. Die Geschichte der Schule wird in einem neuen digitalen Museum unter ‚holadrom.de anschaulich visualisiert.

1808 gründeten einige Hanauer Wissenschaftler und andere Bürger der Stadt die ‚Wetterauische Gesellschaft für die gesamte Naturkunde zu Hanau'. Manch einen mag der Name wundern, doch damals wurde das gesamte Gebiet zwischen Vogelsberg, Odenwald, Taunus und Spessart als ‚Wetterau' bezeichnet. Hanau liegt in der Mitte dieser Region.

Die Gesellschaft wurde schnell über die Grenzen Hanaus bekannt. Arbeiten ihrer Mitglieder, zu denen auch Johann Wolfgang von Goethe oder Alexander von Humboldt gehörten, fanden große Anerkennung.

2015 zog man samt einer umfangreichen öffentlichen Bibliothek in das Kulturforum. Während des ganzen Jahres finden Vorträge aus den Bereichen Geologie, Mineralogie, Geografie, Botanik, Zoologie, Gewässerkunde, Klimatologie oder Chemie und Physik statt. Es geht um Bienen, Blumen, Böden oder Länderberichte. Daneben werden Ausstellungen kuratiert und Fahrradexkursionen oder gemeinsame Wandertouren angeboten.

Seit 1844 erscheint die Publikation ‚Jahresberichte der Wetterauischen Gesellschaft für die gesamte Naturkunde zu Hanau, gegr. 1808'.

Hohe Landesschule Hanau, Alter Rückinger Weg 53, 63452 Hanau, hola-gymnasium.de, holadrom.de, Tipp: unter matrikel.inf5.de sind in einem gemeinsam mit der der IGHA erarbeiteten Personenverzeichnis, alle historisch bedeutsamen Persönlichkeiten verzeichnet, die an der Hola gewirkt haben. | Wetterauische Gesellschaft für die gesamte Naturkunde zu Hanau, gegründet 1808 e. V., Am Freiheitsplatz 18 a, wetterauischegesellschaft.de

Renaissanceportal der Hohen Landesschule

Präsenzbibliothek der Wetterauischen Gesellschaft im Kulturforum

58 WILHELM IX.

Namensgeber von Wilhelmsbad

Wilhelm wurde 1743 als Sohn des Erbprinzen Friedrich II. von Hessen-Kassel und Prinzessin Maria, einer Tochter König Georgs II. von Großbritannien, geboren. Er besuchte die Universität Göttingen und verbrachte Studienjahre in Dänemark, wo er 13jährig mit seiner Cousine Karoline von Dänemark verlobt wurde. Mit dem Tod des Großvaters im Jahre 1760 wurde Wilhelm die Grafschaft Hanau direkt vererbt, um seinen heimlich zum römisch-katholischen Glauben übergetretenen Vater zu umgehen. Die Linien der Grafen zu Hanau Münzenberg sowie zu Lichtenberg waren zu diesem Zeitpunkt bereits erloschen. Für den noch minderjährigen Prinzen führte zunächst seine Mutter, Landgräfin Maria, die Vormundschaft, ab 1764 regierte er in Hanau selbst.
Erbprinz Wilhelm IX. blieb Zeit seines Lebens dem fürstlichen Absolutismus als Alleinherrscher verbunden. Er zeigte sich ordnungsliebend und pünktlich, schuf eine Reihe wohltätiger Institutionen wie das Waisenhaus zu Hanau, stiftete 1772 die Hanauische Akademie der Zeichenkunst → **44**, reformierte Justiz sowie Bauwesen und hinterließ bedeutungsvolle Bauten wie etwa die Kuranlage von Wilhelmsbad → **59**. Auch ließ er die alte Festungsanlage zwischen der Alt- und Neustadt abreißen, um einen Kasernenbau und Exerzierplatz zu errichten → **3**, was jedoch nie umgesetzt wurde. Seine Bauvorhaben finanzierte er mit einem unrühmlichen ‚Soldatenhandel'. Für Großbritannien, das zu dieser Zeit gegen die Unabhängigkeitsbestrebungen in Nordamerika ankämpfte, ließ er in der Hanauer Grafschaft Soldaten anwerben. Für jeden von ihnen erhielt er 30 Kronen Werbegeld, für jeden Toten und für je drei Verwundete ebenfalls 30 Kronen. Wilhelm galt als einer der reichsten deutschen Fürsten seiner Zeit. 1783 versöhnte er sich mit seinem Vater. und verließ Hanau, um die Regierungsgeschäfte in Kassel zu übernehmen. 1803 gelang Wilhelm die Erhebung zum Kurfürsten und nannte sich nun Wilhelm I. Weil er im preußisch-französischen Krieg seine Armee heimlich für Preußen mobilisierte, besetzte Napoleon 1806 Kurhessen und Wilhelm I. flüchtete. Nach der Niederlage Napoleons 1813 zog er wieder in seine Residenz nach Kassel. Zeitlebens hatte er viele Mätressen. Karoline von Schlotheim wurde vom Kurfürsten gegen ihren Willen entführt, mit ihr hatte er 13 Kinder. Sie übte großen politischen Einfluss auf Wilhelm I. aus.

Erbprinz Wilhelm IX. von Hessen-Kassel/Graf zu Hanau/Kurfürst Wilhelm I. (1743-1821) | Informationen auch im Historischen Museum Hanau Schloss Philippsruhe, Philippsruher Allee 45, 63454 Hanau, Öffnungszeiten Di-So 11-18 Uhr, museen-hanau.de

Wilhelm IX. von Hessen-Kassel

59 HISTORISCHE KURANLAGE WILHELMSBAD

Von Heilübung und Amüsement

Der ‚Staatspark Hanau Wilhelmsbad' im Nordwesten Hanaus gehört zu den beliebtesten Naherholungszielen des Rhein-Main-Gebiets. Auf rund 30 Hektar erstrecken sich die historischen Kur- und Badeanlagen aus dem 18. Jahrhundert, die hier Erbprinz Wilhelm IX. von Hessen-Kassel und regierender Graf zu Hanau unter seinem Namen errichten ließ. Zwei Kräuterfrauen entdeckten 1709 eine Quelle im Wald der „Wachenbuchener Terminey" bei Hanau. Wenig später wurde dem Wässerchen eine heilsame Wirkung zugesagt und es erlangte als „guter Brunnen" im ganzen Umkreis große Bekanntheit.
Als bald darauf Badeanlagen in Mode kamen, besann sich auch der Erbprinz in Hanau der heilenden Quelle und entschloss sich zur Errichtung einer Kuranlage für die gehobene Gesellschaft.
In Zusammenarbeit mit dem Ingenieur Franz Ludwig Cancrin wurde 1778 ein Badhaus errichtet, dem bald ein Logierhaus für die von auswärts herbeiströmenden Gäste folgte. Bis 1781 entstanden insgesamt vier Pavillongebäude mit verbindenden Längsbauten sowie davor eine Promenade. Durch die Burgallee war das Kurbad direkt mit Schloss Philippsruhe verbunden. Mit Trink- und Bäderkuren sollten hier Gebrechen wie ‚Eingeweidewürmer', Bleichsucht' oder ‚Geschwulste' geheilt werden.
Der Park im Stil eines englischen Landschaftsgartens sorgte für allerlei Vergnügungen der Gäste. Auf einer Insel ließ der Erbprinz etwa eine künstliche Burgruine mit Privatgemächern errichten → **60**. Gewundene Pfade im zu Hügeln aufgeschütteten Gelände führten zu weiteren Aussichtspunkten und Zierbauten, darunter ein Schneckenberg oder eine Pyramide als Grabdenkmal.

Damals errichtet – und heute noch bespielt – wird das Comoedienhaus → **60** und an besonderen Tagen fährt sogar das restaurierte Karussell → **61**. In den nahezu unverändert gebliebenen Gebäuden an der Kurpromenade sind heute die ‚Staatlichen Schlösser und Gärten Hessen', das Hessische Puppen- und Spielzeugmuseum → **63** inklusive eines Cafés und der Förderverein für das Karussell zu finden. In den Sommermonaten hat das Theatercafé geöffnet und es finden Führungen sowie diverse Feste statt, wie zum Beispiel das beliebte ‚Gartenfest' oder der ‚Kult(o)ursommer' → **29**.

Staatspark Hanau Wilhelmsbad, Parkpromenade 7, 63454 Hanau | Staatliche Schlösser und Gärten Hessen, schloesser-hessen.de | wilhelmsbad-erleben.de | comoedienhaus.de | Hessisches Puppen- und Spielzeugmuseum: hpusm.de

60 VERGNÜGEN IN WILHELMSBAD

Von der Burgruine bis zum Comoedienhaus

Nicht nur im Rahmen der beliebten Führungen ‚Ein Tag in Wilhelmsbad' lohnt sich ein Besuch des täglich geöffneten ‚Staatsparks Hanau Wilhelmsbad'. Zahlreiche Orte des ‚Amüsements' erwarten die Besucher in dem nach englischem Vorbild gestalteten ‚Pleasureground'. So lädt etwa die Burgruine auf einer verwunschenen Insel im hier zu einem Teich gestauten Braubach zur Erkundung ein. Der runde Turm, umgeben von vier quadratischen Eckbauten, beherbergt innen, ganz im Gegensatz zum äußerlich künstlich erschaffenen Ruinencharakter, die prachtvollen Privaträumlichkeiten von Erbprinz Wilhelm IX., dem Bauherren der Kuranlage → **59**.
Es war sein Zufluchts- und Rückzugsort. Im Sommer 1781 schlief er erstmals in seinem Wohnturm: „Hier genoss ich denn zum ersten Mal die Annehmlichkeit des Lebens, das einem Fürsten so selten beschiedene Glück, welches man bei Hofe nicht findet ... inmitten des Waldes, wo ich ganz allein, ohne Minister, ohne Günstlinge, weilte....", schrieb er in seinen Lebenserinnerungen. Besichtigungen der Räume sind im Rahmen von Führungen möglich.
Zwischen weiten Grünflächen und hübschen Hügeln lässt sich der Park weiter erkunden, ein schattiges Wäldchen durchqueren oder die schwankende ‚Teufelsbrücke' erklimmen. Blickfang ist das historische, funktionstüchtige Karussell, das sich an besonderen Tagen in Bewegung setzt → **61**.
In einer steinernen Grotte im Wald, der ‚Eremitage', sitzt einsam und auch etwas unheimlich ein Mann mit einem weißen Bart. Seit 1785 ist der mit einer Mönchskutte bekleidete Einsiedler hier schon in der winzigen Klause zu Hause.
Nach einem Besuch des Hessischen Puppen- und Spielzeugmuseums → **63** oder in einem der gastronomischen Betriebe in und um Wilhelmsbad → **62**, kann man den Abend vergnüglich im ‚Comoedienhaus' verbringen. Der äußerlich eher schmucklose, 1781 von Franz Ludwig Cancrin errichtete Bau an der Parkpromenade, entpuppt sich innen als zauberhafter historischer Theatersaal und ist Spielort für die Theater-Gastspiele der ‚Hanauer Volksbühne', die hier und im Congress Park Hanau ein engagiertes Theater-, Musik- und Kabarettprogramm bietet. Der Saal kann gemietet werden, ebenso wie auch die historischen Festsäle im zentralen Arkadenbau des Kurgebäudes für feierliche Anlässe gemietet werden können.

Staatspark Hanau Wilhelmsbad, Parkpromenade 7, 63454 Hanau, wilhelmsbad-erleben.de | Staatliche Schlösser und Gärten Hessen, schloesser-hessen.de | Informationen zu Führungen, Veranstaltungen und Raumvermietung unter wilhelmsbad-erleben.de | karussell-wilhelmsbad.de | Hessisches Puppen- und Spielzeugmuseum: hpusm.de | comoedienhaus.de

61

DAS KARUSSELL IN WILHELMSBAD

Es dreht sich wie von Geisterhand

Am 26. Juli 2016 begannen sich – endlich – die Pferde und Kutschen des Karussells wieder zu drehen. Damit ging ein lang gehegter Wunsch vieler Hanauer in Erfüllung. Die Vorstellung von Stefan Bahn, das historische Karussell im Staatspark Wilhelmsbad wieder zum Laufen zu bringen, hielten viele Bürger der Stadt für eine ziemlich verrückte Idee. Dennoch gründete Bahn 1998 einen Förderverein, um Geld für die höchst aufwendige Sanierung zu sammeln. Es sollte ein langer Weg werden. Die immer wieder neuen Hürden bei der Reparatur der alten, von Architekt und Ingenieur Franz Ludwig Cancrin 1779 erbauten Konstruktion schienen oft unüberwindbar.

Auf einer hölzernen Scheibe drehen sich Kutschen und Einzelpferde in einem runden, von Säulen umstandenen, tempelartigen Aufbau. Hierfür war an einem alten Steinbruch ein Hügel aufgeschüttet worden, der das hölzerne Werk trug. Im Innern des Berges brachte man die Antriebsmechanik in einem ummauerten Keller unter. Ein Baumstamm diente als Antriebsachse der aufliegenden Drehscheibe, die anfangs noch Männer und später Pferde zogen.

Nach dem Weggang Wilhelms IX. als neuer Landgraf von Hessen-Kassel 1785 und dem Versiegen der ohnehin dürftigen Heilquelle in Wilhelmsbad um 1815, wurde es ruhig um den Kur- und Badebetrieb. Auch das Karussell stand viele Jahre still. 1896 pachtete es ein Hanauer Bauunternehmer und versah es mit einem Antriebsmotor, vier neuen Kutschen und 16 Pferden. Über 30 Jahre drehte es sich. Im Zweiten Weltkrieg traf eine Sprengbombe das Karussell. Zum Schutz vor weiteren Schäden wurden die Kutschen und Pferde demontiert und im Comoedienhaus eingelagert. 1968 war dieses saniert und auch das Karussell hergerichtet worden – allerdings ohne sich zu drehen. Das blieb der Initiative des Karussell-Fördervereins vorbehalten. Einem Spendenaufruf folgten sowohl die Stadt Hanau als auch die Verwaltung der Staatlichen Schlösser und Gärten Hessens als Eigentümerin sowie zahlreiche Spender, um die letztlich rund 4 Mio. Euro kostende Sanierung zu bewältigen. Heute dreht sich das älteste erhaltene feststehende Karussell der Welt zur Freude der Besucher von Ostern bis Oktober zu angekündigten Terminen. Die Antriebstechnik im Keller kann dann ebenfalls bewundert werden.

Karussel im Staatspark Wilhelmsbad, 63454 Hanau, Förderverein für das Karussell im Staatspark, Hanau-Wilhelmsbad e. V., info@karussell-wilhelmsbad.de, karussell-wilhelmsbad.de | wilhelmsbad-erleben.de

„Leporello“

62

SPORT & FREIZEIT RUND UM WILHELMSBAD

Golf, Minigolf und Gastronomie

Nicht nur im Staatspark Wilhelmsbad selbst, sondern auch um die Kuranlage herum gibt es zahlreiche Möglichkeiten die Freizeit zu verbringen. Im Nordosten des historischen Kurbads residiert etwa der Hanauer Golfclub in einer ehemaligen Fasanerie, die 1713 von Graf Johann Reinhard von Hanau-Lichtenberg angelegt wurde und der fürstlichen Jagdlust sowie der herrschaftlichen Versorgung mit Wildfleisch diente.

Mit dem kräftigen Abschlag eines vergoldeten Dunlop-Balls eröffnete Prinzessin Ottilie von Hessen 1959 den Golfplatz, der idyllisch unter altem Baumbestand liegt und vom Braubach durchzogen sowie mit Teichen versehen ist. Im Clubhaus befindet sich ein Hotel mit einem großem Restaurant, das von Lovely Singh betrieben wird, der zugleich die Gastronomie von Schloss Philippsruhe führt.

Nördlich der Kuranlage befindet sich auch das Hockey-Spielfeld sowie die Tennishalle mit Gastronomie und Freiplätzen des Hanauer ‚Tennis- & Hockeyclubs 1919' (THC). Hier sind auch die Reste einer historischen Schießbahn zu sehen.

Wer das Golfen lieber im Kleinen mag, der ist auf dem Minigolfplatz westlich des Kurgebäudes von Wilhelmsbad gut aufgehoben. Unter schattigen Bäumen und in direkter Nachbarschaft zum italienischen Restaurant ‚Kleine Parkwirtschaft' lässt sich die 18-Loch-Bahn im Miniaturstil bespielen.

Westlich der Kuranlage liegt auch der ‚Wilhelmsbader Hof', zu dem Wilhelm IX. schrieb: „1780, im Herbst, ließ ich ... eine Meierei im westfälischen Stil auf der Anhöhe beginnen". Es entstand ein Viehhof mit Weinberg, Brennerei und Brauerei. Seit 2013 logiert in dem Ensemble das Restaurant ‚Wilhelmsbader Hof Küche' und bietet hier eine auf das Wesentliche reduzierte Küche mit frischen saisonalen Produkten der Region. Und auch Bier wird hier wieder gebraut. Unter dem Label ‚Wilhelmsbader Hof Bräu' wird das naturtrübe Bier in Bügelflaschen gefüllt. Die schnörkellosen Etiketten tragen schlichte Nummern wie etwa ‚01 Obergäriges', ‚06 Maibock', ‚08 Mädchenbier' oder ‚11 Narrenbier'.

Auf dem historischen Anwesen ist auch die große Reitanlage ‚Wilhelmsbader Hofpferde' beheimatet.

Südlich der Kuranlage, am Bahnhof Wilhelmsbad, lädt das mediterrane Restaurant ‚Fürstenbahnhof' zum Verweilen im schönem Biergarten ein.

golfclub-hanau.de und restaurant-hotel-golfplatz.de, Franz-Ludwig-von-Cancrin-Weg 1 | thc-hanau.de, Parkpromenade 10 | minigolfhanau2022.com sowie kleine-parkwirtschaft.eu, Parkpromenade 8 | wilhelmsbader-hofkueche.de sowie Reitanlage wilhelmsbader-hof.de, Kesselstädter Str. 80 | fürstenbahnhof.de, Burgallee 127 | alle 63454 Hanau

Golfclub Hanau

Wilhelmsbader Hofküche

63 HERRLICHES VERGNÜGEN

Puppen- & Spielzeugmuseum | Papiertheatermuseum

Das Hessische Puppen- und Spielzeugmuseum in Hanau-Wilhelmsbad präsentiert Kulturgeschichte im Kleinformat. Die hier ausgestellten Objekte veranschaulichen auf spielerische Art gesellschaftliche Entwicklungen und Erziehungsideale ihrer Zeit, wenn etwa Mädchen des gut situierten Bürgertums mit Puppen und Puppenhäusern oder Jungs mit Steckenpferden und Säbeln spielten. Kinder einfacher Leute hatten selbst gestrickte Puppen oder selbst gebastelte hölzerne Schwerter zum Spielen. Zudem lassen sich auch technischer Fortschritt oder modische Entwicklungen ablesen: So gab es Puppenköpfe aus Pappmaché, Porzellan oder Celluloid. Von Einzelfiguren bis hin zum Kaufladen, Warenhaus oder Zirkus reichen die Sammlungsstücke. Interaktive Medienstationen zeigen die Spielzeuge in Bewegung und in vielen Räumen gibt es Möglichkeiten zum Selberspielen. Seit der Partnerschaft mit einem japanischen Spielzeugmuseum hat man auch eine Abteilung aus Japan. Ebenso locken zahlreiche Veranstaltungen ins Museum: So gibt es etwa Erlebnistouren mit Titeln wie ‚Ritter, Burgen, schöne Fräulein' oder ein offenes Kreativ-Atelier beim ‚Fun Freitag'. Kindergeburtstage können hier gefeiert oder Ferienworkshops gebucht werden. Es gibt ein Café und auf der Webseite ist der Museumsrundgang sogar digital möglich.

Aus privaten Sammlungen wurde Anfang der 1990er in den Räumen von Schloss Philippsruhe das Papiertheater-Museum geschaffen. Von der Größe einer Schuhschachtel, über ein Bauchladen-Theater bis zur großen Guckkastenbühne reichen die Formate der Papiertheater, deren große Zeit das Biedermeier war.
Mit der Erfindung der Lithografie – des Flachdrucks einer Zeichnung auf einen Stein – entstanden bunte papierene Bilderbögen, auf die Geschichten, Theaterstücke oder ganze Opern für Groß und Klein gedruckt wurden. Ausgeschnitten und aufgeklebt ergaben sie Miniaturtheater, zu denen Texte in den gelben Reklam-Heftchen erworben wurden. Auch in England, Österreich, Dänemark und Spanien fand das ‚Fernsehen des 19. Jahrhunderts' Freunde.
Heute ist Hanau das Mekka des Papiertheaters, denn Deutschlands einziges Papiertheatermuseum ist nicht nur Ausstellungsort, sondern auch der einzige Ort mit fester Bühne. Bis zu zehn Stücke sowie Gastspiele werden hier jährlich aufgeführt.

Hessisches Puppen- u. Spielzeugmuseum im Staatspark Wilhelmsbad, Parkpromenade 4, 63454 Hanau, Öffnungszeiten Di-Do 13-17 Uhr, Fr-So + Feiertags 10-17 Uhr, hpusp.de | Hanauer Papiertheatermuseum, im Historischen Museum Hanau Schloss Philippsruhe, Philippsruher Allee 45, 63454 Hanau, Öffnungszeiten Di-So 11-18 Uhr, museen-hanau.de

Hessisches Puppen- und Spielzeugmuseum

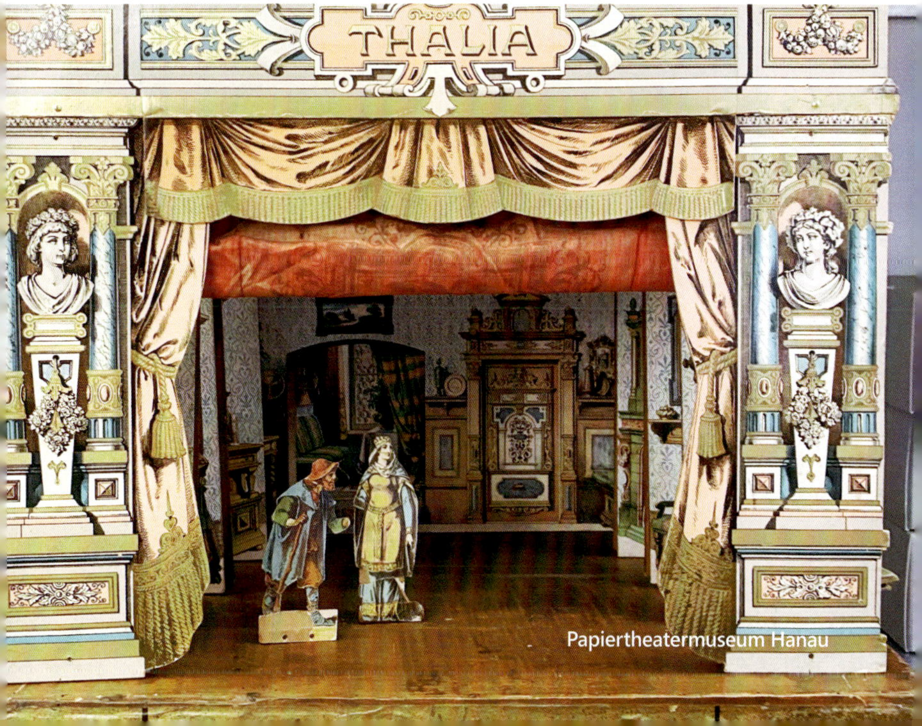

Papiertheatermuseum Hanau

FRIEDRICH CASIMIR

Der musische Graf mit den hochfliegenden Plänen

Friedrich Casimirs Regierungsantritt in Hanau-Münzenberg 1642 erfolgte in einer durch den Dreißigjährigen Krieg finanziell prekären Situation. Hanau sollte 30.000 Taler Kriegs- und Besatzungskosten an Schweden zahlen. Bei seinem Eintreffen in Hanau fand er zudem die Witwe seines Amtsvorgängers Graf Philipp Moritz vor, Sibylle Christine von Anhalt-Dessau. Um finanzielle Forderungen ihrerseits zu umgehen, heiratete er die um rund 20 Jahre ältere Witwe. Zwar waren die Grafschaften Hanau-Münzenberg und Hanau-Lichtenberg nun vereint, doch ein großes Problem blieb, dass Friedrich Casimir, wie die ganze Familie von Hanau-Lichtenberg, lutherisch, die Grafschaft Hanau-Münzenberg aber seit der Regierung von Philipp Ludwig II. calvinistisch reformiert war. Friedrich Casimir musste den lutherischen Gottesdienst auf die Kapelle im Stadtschloss beschränken. Erst 1658 konnte er die Johanneskirche → **32** mit Hilfe des lutherischen Auslands errichten.

Seine Ehe blieb von Differenzen geprägt, nicht nur weil er die lutherische Konfession förderte, sondern auch weil er aufgrund seines stetigen Geldbedarfs auf das Vermögen seiner Frau zurückgriff. Der junge Fürst wollte aus der Provinzstadt Hanau ein Wissenschaftszentrum machen. Er war interessiert an den neuesten Entdeckungen der Naturwissenschaften und begeisterte sich für Künste aller Art. Seine Residenz wurde zum Musenhof und zog Künstler und Wissenschaftler an. Er plante die Gründung einer Universität mit dem wohlklingenden Namen ‚Sophopolis'. Doch allein die Einrichtung der Kunst- und Naturaliensammlung der geplanten Akademie der Wissenschaften und Künste verschlang Unsummen – und war einer der Hauptkritikpunkte der adligen Verwandtschaft, die den Regenten später entmündigen ließ.

1669 kaufte Friedrich Casimir über seinen Berater Johann Joachim Becher eine Kolonie in Südamerika, die er ‚Hanauisch-Indien' nannte. Er glaubte, durch den Kolonialhandel endlich seine erdrückende Schuldenlast loszuwerden, doch auch dieses Projekt endete in einem finanziellen Desaster, für das er schon zu Lebzeiten vom Volk als „König von Schlaraffenland" verspottet wurde. Die Kolonie sowie seine Kunst- und Naturaliensammlung musste er auf Drängen seiner Frau wieder verkaufen. Der reiselustige Fürst war nie in ‚Hanauisch-Indien'.

Graf Friedrich Casimir von Hanau-Lichtenberg (1623-1685)

Graf Friedrich Casimir von Hanau (Ausschnitt)

65 MARIENKIRCHE

Älteste Kirche der Innenstadt

Die Marienkirche ist der zentrale Kirchenbau der Hanauer Altstadt und die älteste Kirche der Innenstadt. Sie wurde auf den Grundmauern einer romanischen bereits 1316 erwähnten und Maria Magdalena geweihten Kapelle erbaut. Graf Reinhard II. ließ zwischen 1449 und 1454 die Kapelle zu einer dreischiffigen Kirche vergrößern. Graf Philipp I. von Hanau-Münzenberg gab nach der Rückkehr von einer Pilgerreise 1485 den Auftrag für einen mächtigen Chorbau, jenen Platz, der den Altar umgibt und dem Klerus vorbehalten ist. Baumeister Siegfried Ribsche aus Büdingen führte den Auftrag aus. Erst 1558 fand der Umbau des Langhauses zu einer sogenannten Saalkirche mit einem größeren säulenlosen Raum für die Gläubigen statt. Der ‚zweiten Reformation' in Hanau → **55** fielen im sogenannten Bildersturm Altäre, Bilder und Skulpturen zum Opfer und im Zweiten Weltkrieg brannte die Kirche bis auf die Grundmauern aus. Nur der spätgotische Chor überstand wie durch ein Wunder den alliierten Luftangriff, obwohl das brennende Dach auf ihn fiel. Er wurde restauriert und kann zu den bedeutendsten Chorbauten des Mittelrheins gezählt werden.

Das filigrane Kreuzgratgewölbe trägt an seinen Kreuzungspunkten farbige Wappensteine der Hanauer Grafen. Die Felder dazwischen sind mit Ranken und Strahlen bemalt. Der Schlussstein des Sterns zeigt Kirchenpatronin Maria Magdalena, wie sie vor dem auferstandenen Christus kniet. Jesu im Habitus eines Gärtners mit der knienden Maria geht auf eine Überlieferung des Johannesevangeliums zurück. Der Garten wird hier zum Ursprung allen Lebens, zur Begegnungsstätte von Gott und Mensch.

In der halbrunden, den Chorraum der Marienkirche abschließenden Apsis, sind noch Fragmente der Fenster aus dem 15. Jahrhundert erhalten. Die hölzernen Wangen des Chorgestühls zeigen verschiedene Regenten der Hanauer Grafschaft mit ihren Gemahlinnen und an der Südwand des Chors sind u.a. die prächtigen, teils kriegsbeschädigten Renaissance-Epithaphe, Gedächtnismale, für Graf Philipp III. und Pfalzgräfin Helene, angebracht.

An besonderen Tagen im Jahr wird die kirchliche Gruft, die Begräbnisstätte des Hanauer Grafenhauses, für Besucher geöffnet. Zur Adventszeit gibt es im Kirchenschiff ein Café.

Marienkirche, Am Goldschmiedehaus 1, 63450 Hanau | Das Gemeindebüro der evangelischen Stadtkirchengemeinde Hanau befindet sich in der Johanneskirche, Johanneskirchplatz 1, 63450 Hanau, hanau.stadtkirchengemeinde@ekkw.de, stadtkirchengemeinde-hanau.de → 32

66 FRIEDHÖFE

Orte der Ruhe

Mit Baubeginn der Hanauer Neustadt 1597 stellte sich bald die Frage nach einem Totenhof. 1608 wurde ein Friedhof westlich der Stadtbefestigung für den mit Niederländern und französisch sprechenden Wallonen bewohnten Hanauer Stadtteil eingerichtet. Der Name ‚Französischer Friedhof' entstand zur Unterscheidung des 1633 nur etwa 100 Meter nördlich davon neu angelegten ‚Deutschen Friedhofs' für die Bewohner der Altstadt Hanaus. Da beide Friedhöfe im Überschwemmungsgebiet der Kinzig lagen, wurde 1846 östlich des Nürnberger Tors der neue Hauptfriedhof eröffnet, der bis heute genutzt wird und an der Birkenhainer Straße liegt. Die Grabmäler des Französischen Friedhofs verfielen. Er wurde später zur ‚Martin-Luther-Anlage' umgestaltet. Mit dem Bau des Justizgebäudes 1908 schlug auch die Stunde des ‚Deutschen Friedhofs', dessen Grabmale an die Umfassungsmauer des neuen Hauptfriedhofs umgesetzt wurden. Durch eine Spendenaktion konnten einige der sandsteinernen Werke saniert werden.

Hanau verfügt zudem über diverse jüdische Friedhöfe. 1603 wurde der historische Hauptfriedhof weit vor den Mauern der Alt- und Neustadt angelegt. Im Novemberpogrom 1938 wurde die am Mühltorweg gelegene Leichenhalle durch Brandstiftung zerstört, aber wie durch ein Wunder überstand der Friedhof die Zeit des Nationalsozialismus ansonsten weitgehend unbeschadet. 1938 fand hier auch die letzte Bestattung statt. Er ist nicht öffentlich zugänglich, kann aber bei gelegentlichen Führungen besichtigt werden. Eine Besonderheit sind die älteren Grabsteine mit ‚Hauszeichen'. Sie zeigen oft ein figürliches Relief als Hinweis auf das Haus oder den Namen des Bestatteten. So verweist etwa ein Zapfhahn auf das Haus ‚Zum Kranen', ein Löwe auf den Namen Jehuda oder Hände auf einen ‚Cohen', einen jüdischen Priester.
Den historischen jüdischen Friedhof in Steinheim löste die örtliche nationalsozialistische Gemeindeverwaltung 1935 auf und zerschlug teils die Grabsteine. 2008 sowie 2015 wurde die Grünanlage an der Darmstädter Straße neu umfasst und als Ort der Erinnerung mit einem Gedenkstein versehen. Bereits 1892 wurde ein weiterer bis zuletzt genutzter jüdischer Friedhof in der heutigen Steinheimer Odenwaldstraße angelegt.
Seit September 2022 gibt es außerdem einen neuen jüdischen Friedhof in Hanau-Kesselstadt.

Ehemaliger Französischer Friedhof/Martin-Luther-Anlage und ehemaliger Deutscher Friedhof B45/Nußallee | Hauptfriedhof Hanau, Birkenhainer Str. 2 |alle 63450 Hanau | hanau.de/friedhöfe | Jüdischer Friedhof Hanau, Mühltorweg, 63450 Hanau | Jüdischer Friedhof Steinheim, Odenwaldstraße und Historischer Jüdischer Friedhof, Darmstädter Str. 35, 63456 Hanau | Jüdischer Friedhof/Friedhof Kesselstadt, Baumweg 12, 63454 Hanau

Hauptfriedhof Hanau

Jüdischer Friedhof

67 EIN SCHLOSSGARTEN OHNE SCHLOSS

Von der Botanik bis zu Ausstellungen & Messen

Zunächst erscheint die Bezeichnung Schlossgarten merkwürdig, denn es ist kein Schloss zu sehen. Ein Findling mit Bildplatte, am Biergarten, gibt Aufschluss: Er zeigt die einstige Pracht des Stadtschlosses der Hanauer Grafen und – nach Aussterben der Linie Hanau-Münzenberg und folgend der Linie Hanau-Lichtenberg – der späteren Eigner, der Landgrafen von Hessen-Kassel.

Kurfürst Wilhelm II. von Hessen-Kassel, der das Schloss gelegentlich als Nebenresidenz nutzte, plante eine Neugestaltung des Areals. 1823 begannen die Umbauarbeiten des Schlossgartens, bei denen er seine gegenwärtige Größe und das Aussehen erhielt. So ließ er etwa einen Teich und einen Schneckenberg anlegen, ähnlich wie sein Vater es einst in Wilhelmsbad getan hatte → **59**. 1829 ließ er die mittelalterlichen Schlossteile der alten Wasserburg abreißen – zu dem geplanten Schlossneubau ist es jedoch nie gekommen.

1890 erwarb die Stadt das restliche Schloss und den Garten. Im Fürstenbau wohnte ab 1927 der Oberbürgermeister. Der nebenliegende Marstall wurde 1928 an der Seite zum Schlossplatz mit einem sandsteinernen Eingang versehen und diente seitdem als Stadthalle. Später befand sich im Stadtschloss zeitweise eine Postfiliale, die Handelskammer, eine Musikakademie, eine Pharma-Fabrik, das Standesamt und ab 1942 das Museum des Hanauer Geschichtsvereins.

Ab 1955 wurde die Kriegsruine abgerissen. Ein Teil des Gebiets wurde mit der Karl-Rehbein-Schule und später mit dem Hanauer Bürgerhaus bebaut. Bis 2003 entstand zudem der hallenartige Neubau eines Kongresszentrums, der Congress Park Hanau, direkt am Schlosspark. Hier finden Konzerte, Theater, Bälle, Messen, Tagungen und Ausstellungen statt.

Seit 1981 erinnert im Schlosspark ein Obelisk an Johann Winter von Güldenborn, den Befreier Hanaus von der Militärherrschaft Ramsays 1638 → **89**. 2011 wurde ein Bewegungsparcours und 2014 eine Bronzeplastik mit sechs Schwänen von Albrecht Glenz am Teich installiert. Der bayrische Biergarten ‚Adelheid von Hanau' lädt zum Verweilen ein. Besucher des Parks können sich zudem auf eine botanische Weltreise mit über 100 Baumarten und Sträuchern der nördlichen Halbkugel begeben und etwa das Naturdenkmal einer Pyramideneiche und zwei rare, zu den Ur-Mammutbäumen zählende Kreuzzypressen bewundern.

Tipp: Unter dem Label ‚Kulturregion Frankfurt Rhein Main' werden Projekte interkommunal vernetzt und kommuniziert, darunter auch zur Garten- und die Industriekultur. Informationen zum Schlossgarten: krfrm.de/projekte/gartenrheinmain/interaktive-karte/schlossgarten | Congress Park Hanau, Schlossplatz 1, info@cph-hanau.de, cph.de | Biergarten Adelheid von Hanau, Schlossplatz 1, Do-Fr 17-22.30 + Sa-So 12-22.30 Uhr, nicht bei Starkregen und Sturm.

68 ALT–KESSELSTADT

Fachwerkidylle am Main

Auf dem Gebiet zwischen Schloss Philippsruhe und der Friedenskirche sowie der Reinhardskirche erstrecken sich die Gassen des alten Kesselstadts.

Die ältesten Siedlungsspuren stammen aus der Zeit der Kelten (um 400 v. Chr.). Später errichteten die Römer hier eines der größten Steinkastelle Obergermaniens rechts des Rheins – es wurde jedoch wohl niemals fertig gestellt. Entlang der Mauern des Römerkastells mit dem heutigen Namen ‚Salisberg' und einer römischen Zivilsiedlung, entstand ein von Mainfischern und Bauern besiedeltes Dorf. Keramikfunde belegen eine spätere karolingische Besiedlung.

Urkundlich erwähnt wurde Kesselstadt erstmals 1059, als Erzbischof Luitpold von Mainz Teile der Gemarkung Kesselstadt geschenkt wurden. Rund 100 Jahre später wurden hier vier Herrenhöfe, vier ‚freie' Wirtschaftsgüter und sechs abhängige Bauernstellen verzeichnet.

Ab dem 13. Jahrhundert ist eine Familie nachweisbar, die sich ‚Kesselstadt' nannte und hier wohl ihren Stammsitz hatte. Nach dem Dreißigjährigen Krieg, in dem Kesselstadt teilweise zerstört wurde, erwuchs der Ort zum Wohnsitz Hanauer Adeliger, Beamter und des Hofpersonals. 1701 ließ Graf Philipp Reinhard von Hanau-Lichtenberg nahe dem Dorf den Grundstein für Schloss Philippsruhe → **50** legen. Nach seinem Tod 1712 vollendete sein Bruder Johann Reinhard das barocke Ensemble, das heute das Historische Museum Hanau beherbergt.

Bereits 1907 wurde Kesselstadt nach Hanau eingemeindet und avancierte nach dem Zweiten Weltkrieg, da nahezu unzerstört, zeitweilig zum Verwaltungs- und Geschäftszentrum Hanaus. 1969 beschloss die Stadtverordnetenversammlung einen ‚verkehrsgerechten' Sanierungsplan, der einen Flächenabriss vorsah. Im Gasthof ‚Zum rothen Löwen' traf sich die Widerstandsbewegung. Nach Protesten und Verhandlungen gelang es, den Kahlschlag weitgehend abzuwenden. Liebevoll wurden die Fachwerkbauten hergerichtet und machen Alt-Kesselstadt heute zum begehrten Wohnort.

Gut speisen im historischen Ambiente lässt es sich im ‚Zum rothen Löwen', dem ältesten Gasthaus Hanaus, sowie im ‚Anker 1805' oder in der Pizzeria ‚Zum Schwanen'. Etwas zurückgesetzt an der Philippsruher Allee liegt die gemütliche ‚Teestube im alten Fischerhaus' und an der Reinhardskirche befindet sich der Pub ‚Spundloch' sowie das beliebte ‚Emma's Steakhaus'.

Informationen zur Frühgeschichte Hanaus auch im Museum Schloss Steinheim, Schlossstr. 9, 63456 Hanau, Sa+So 11-17 Uhr, museen-hanau.de | zum-rothen-loewen.de, Landstr. 4 | anker-hanau.de, Ankergasse 1 | ristorantezumschwanen.de, Philippsruher Allee 50 | teestube-fischerhaus.de, Mittelstr. 2 | Spundloch, Jakob-Rullmann-Str. 9 | Emma's Steakhaus: steakhaus-hanau.de, Jakob-Rullmann-Str. 17 | alle 63454 Hanau

69 STEINHEIM

Ausflugsziel am Schloss

Der Hanauer Stadtteil Steinheim, südlich des Mains gelegen, entwickelte sich aus zwei Orten: einem fränkischen Siedlungskern um die St. Nikolaus-Kirche, dem ehemaligen *Dorf* Steinheim/Klein-Steinheim – und der *Stadt* Steinheim/Groß-Steinheim, gelegen auf einem Basaltplateau rund um die Burg der Herren von Eppstein. Den ersten nachweisbaren Kontakt mit Hanau hatte Steinheim in römischer Zeit, als eine Brücke an der Mainspitze vom römischen Kastell auf dem Salisberg über den Main führte. Die meisten vorgeschichtlichen Funde stammen aus dem älteren Dorf Steinheim. Erst mit dem Bau der Burg um 1200 tritt die Stadt Steinheim in den Vordergrund. 1320 erhielt die Siedlung um die Kurmainzische Residenz, die später zu einem Schloss → **70** ausgebaut wurde, die Stadtrechte und durfte befestigt werden. Hier entstand die Altstadt, die heute zahlreiche Gäste anlockt.
Steinheim ist Teil der ‚Deutschen Fachwerkstraße' und Ausgangspunkt der ‚Hessischen Apfelweinstraße'. Im überschaubaren Rund der mittelalterlichen Stadtmauer laden Schänken und Biergärten zum Verweilen ein. Mittelpunkt ist der Platz des Friedens, der seit 1911 von einem Friedensdenkmal dominiert wird. Hier laden etwa die Tische und Bänke der Tapas Bar ‚Andalucia' und die kleine Schankwirschaft ‚Maa Äppelsche' ein. Wenige Meter weiter, Richtung Schloss, befindet sich das Traditionsrestaurant ‚Lug ins Land'. Ebenso unweit des zentralen Platzes laden im historischen Huttenhof das Restaurant ‚Treppchen', ein Irish Pub sowie das ‚Café Huttenhof' von Konditormeister Emmanuel Schimmelpfennig ein. Ganz in der Nähe befindet sich auch das ‚Fachwerk' mit gehobener Küche, das ‚Hofbrauhaus Steinheim' und an der Gedächtniskirche Johann Baptist die Apfelweinwirtschaft ‚Wenckscher Hof' und ein Eisladen.
Begibt man sich durch das Maintor nach rechts, befindet sich am Mainufer das ‚Druckhaus' mit herrlichem Biergarten, das heute eine Eventlocation ist und einst Domizil der Traditionsdruckerei ‚Illert' war. In den 80ern traten dort internationale Bands auf. Auch führt hier der ‚Main-Radweg' entlang – nach Seligenstadt oder in die andere Richtung nach Frankfurt. Publikumsmagnet im Stadtteil Steinheim ist das jährliche Johannisfeuer im Juni oder das bereits seit 1952 stattfindende ‚Bundesäppelwoifest' am letzten Augustwochenende rund um den Steinheimer Schlosshof.

Informationen zur Geschichte Steinheims auch im Museum Schloss Steinheim, Schloßstraße 9, 63456 Hanau, museen-hanau.de, Öffnungszeiten Sa+So 11-17 Uhr | bodega-andalucia-hanau.de | maaaeppelsche.de | luginsland-hanau.de | gastronomie-im-huttenhof.de | fachwerk-steinheim.de | wenckscher-hof.de | hofbrauhaus-steinheim.de | druckhaus-hanau.de | Radwege siehe Übersichtskarte Buch

Café Huttenhof und Restaurant Treppchen

70 SCHLOSS STEINHEIM

Einst Burg, heute Museum

Das Schloss Steinheim, erstmalig als Burg im Jahr 1222 erwähnt, gehörte zunächst den Herren von Eppstein, ehemals Herren von Hainhausen im Rodgau. Der Sage nach soll Ida, die Schwester oder Tochter Karls des Großen, einmal auf der Burg gewohnt haben, Beweise gibt es jedoch keine.

Während des Mittelalters kam es zum Streit zwischen dem deutschen König und dem (zu mächtigen) Papst in Rom. Auch die Herren von Hanau und Eppstein waren Gegner, denn Hanau hatte sich dem König und Eppstein der Kirche angeschlossen. 1301 kam es zur Zerstörung der Burg durch Ulrich I. von Hanau. Sie wurde jedoch wieder aufgebaut und 1425 samt der Stadt Steinheim an die Mainzer Erzbischöfe verkauft, die die Burg ausbauten und als Residenz für ihre Durchreisen zu ihren Besitztümern im Maingebiet nutzten. Während des Dreißigjährigen Kriegs wurden Schloss und Stadt zunächst von Gustav Adolf von Schweden beschlagnahmt, während der Belagerung der Festung Hanau 1635 nahm der kaiserliche Feldherr Lamboy hier Quartier.

Ende des 18. Jahrhunderts ließen die Mainzer Erzbischöfe das Gebäude großteils abtragen. Zum Neubau kam es wegen der Säkularisation nicht mehr. 1808/13 erfolgten, teils auf den Mauern der Burg, die sandsteinernen Aufbauten im klassizistischen Stil, die das Erscheinungsbild des heutigen Schlosses prägen. Das Burgfundament verbirgt sich unter dem Pflaster vor dem Hauptgebäude. Erhalten sind das Marstallgebäude, die Amtsregistratur, Teile der Wehrmauer, zum Main hin der Schlossgarten. Überbleibsel der Burg ist auch der 26 m hohe Bergfried mit Turmhelm und Zinnenkranz. Der obere Raum diente der Ausschau nach Feinden. Im unteren Teil befand sich das 10 m tiefe Verließ. Über eine Öffnung, das ‚Angstloch‘, wurden die Delinquenten an einem Seil hinab gelassen. Heute bietet der Wehrgang des Turms, der an bestimmten Tagen bestiegen werden kann, einen herrlichen Ausblick in die Umgebung.

Seit 1938 wird das Schloss als Museum genutzt. 1986 wurde hier das heutige ‚Museum Schloss Steinheim für Regionale Archäologie und Stadtgeschichte‘ eröffnet und präsentiert Relikte der ersten menschlichen Spuren im Hanauer Raum, der Stein- und Bronzezeit sowie Zeugnisse von den Römern bis zum frühen Mittelalter und zur Geschichte der Burg und Steinheims.

Museum Schloss Steinheim, Schlossstr. 9, 63456 Hanau
Öffnungszeiten Sa+So 11-17 Uhr, museen-hanau.de | Tipp: eine Turmbesteigung des Bergfrieds ist von März bis Oktober zu den Öffnungszeiten des Museums möglich.

71

DIE RÖMER IN HANAU

Von Bädern, Schätzen und Quittungen

Um 90 n. Chr. schoben die Römer ihre Grenze vom Rhein in die Hanauer Region vor, die sie mit dem Limes, einem Graben mit aufgeschüttetem Wall und Palisaden darauf, befestigten. Die in gewissen Abständen errichteten Wehrtürme dienten der Überwachung, um im Angriffsfall die Soldaten zu alarmieren. Eines der mächtigsten römischen Kastelle östlich des Rheins befand sich in Kesselstadt. Wohl aus strategischen Gründen zogen aber keine Soldaten in die Befestigung, denn die Limeslinie war mittlerweile noch weiter nach Osten, von Marköbel über Rückingen nach Großkrotzenburg, verschoben worden.
Neben dem Kastell am Salisberg war eine römische Zivilsiedlung mit einem Badehaus entstanden. Eine nächste Siedlung befand sich an der Steinheimer Mainspitze mit einer Brücke über dem Main. Durch Handel, Gewerbe, Handwerk und den Nachschub für die Legionäre an der Grenze war es den Bewohnern des Salisbergs über 150 Jahre wohl recht gut ergangen. Erst 259 n. Chr. gelangten germanische Stämme bis zum Limes und drängten die Römer zurück.
1906 wurde der Kesselstädter Friedhof angelegt. 1913 begannen dort die Ausgrabungen des römischen Badehauses – zunächst eines kleineren, vom Ende des 1. Jahrhunderts n. Chr., das bald von einem größeren römischen Neubau ersetzt wurde, mit beachtlichen 43 m Länge.
Eine römische Therme bestand aus einer Abfolge von Bädern und Becken mit bunten Mosaiken: einem Kaltbad, einem lauwarmen Wasserbad und dem Warmbad, dazu gab es Saunaaufgüsse. Erwärmt wurde alles mit einer Bodenheizung.
Grabungen rund um die römischen Zivilsiedlungen an Salisberg und Steinheimer Mainspitze förderten in der 1990ern aufregende Artefakte zutage. Im Wurzelwerk einer entfernten Buche stieß man auf den Krug eines Römers namens Altus, der einen Münzschatz mit rund 485 Denaren vergraben hatte. Die älteste der Münzen stammt von 65/66 n. Chr. Die zwei Kilo Silbermünzen zählen zu den bedeutendsten Münzschatzfunden Hessens. Zudem fand man am Boden eines 6 m tiefen Brunnens ein unscheinbar aussehendes kleines Täfelchen aus Holz. Es stellte sich als Bruchstück einer größeren Schrifttafel heraus und war mit Tinte beschrieben. Die Entzifferung ergab, dass ein Unbekannter am 5. April 130 n. Chr. 200 Denare in Mainz erhalten hatte. Es ist die älteste Quittung Deutschlands. Beides ist im Schloss Steinheim zu besichtigen.

Römisches Kastellbad auf dem Kesselstädter Friedhof, Baumweg 12, 63454 Hanau | Informationen zu römischem Schatz und Quittung auch im Museum Schloss Steinheim, Schlossstr. 9, 63456 Hanau, Öffnungszeiten Sa+So 11-17 Uhr, museen-hanau.de

Römisches Kastellbad

72 STEINHEIMER KREUZWALLFAHRT

Prozession auf dem Kreuzweg

Zwei Mal im Jahr lädt die Kirchengemeinde St. Nikolaus zur Kreuzwallfahrt nach Steinheim ein. Zahlreiche Angehörige zumeist des katholischen Glaubens aus der Stadt Hanau und den Umlandgemeinden der Diözese Mainz kommen dann an den Wallfahrtstagen im Mai und September auf dem Wallfahrtsplatz an Kreuzkapelle und St. Nikolaus Kirche zusammen. Die Festpredigt am Vormittag gibt traditionell Impulse für die Erneuerung des Lebens. Die Anregungen des Wallfahrtstages sollen helfen, von den eigenen Sorgen abzusehen und die Not anderer wahrzunehmen. Die Gottesdienste am Nachmittag sind häufig mit Musik unterlegt und haben sich zu gemeinsamen Feierlichkeiten entwickelt. Der zuvor bewältigte Prozessionsweg, der Kreuzweg, ist durch sieben sandsteinerne Reliefbilder, die ‚Fußfallstationen', gekennzeichnet. Sie zeigen die Stationen Jesu Christi auf seinem Weg zur Kreuzigung. Der erste Sandstein steht am Anfang des Burggartenwegs. Über den Kreuzweg und die Wilhelminenstraße geht es zum alten Kirchfriedhof St. Nikolaus und zur Kreuzkapelle, wo das sogenannte ‚Gnadenkreuz' aufbewahrt wird. Dort, an Wallfahrtsplatz und Kreuzaltar, endet die Prozession.

Die Steinheimer Wallfahrt geht auf eine Legende zurück: Danach trieb am 3. Mai 1309 die Leiche eines Fremden am Mainufer in Klein-Steinheim an. Da die Einwohner des Dorfes die Kosten der Bestattung scheuten, schoben sie sie zurück in den Fluss. Der leblose Körper trieb jedoch wieder zurück und nach weiteren erfolglosen Versuchen, sich dessen zu entledigen, beschloss man, den Leichnam neben der Kirchhofmauer zu beerdigen. Beim Ausheben des Grabes stieß man auf ein wundersames Kruzifix, das wohl in Zeiten früherer Bilderstürmerei dort vergraben worden war. Das Kreuz wurde in einer Kapelle aufgestellt.
Gut 200 Jahre später, 1507, beschloss der Rat der Stadt Steinheim die Durchführung einer Wallfahrt. Der Kreuzweg entstand um 1699 unter Pfarrer Aemilius Nolpe. Die Stifter der einzelnen Kreuzwegstationen sind auf den jeweiligen Sockeln genannt. An Wallfahrtsplatz und Außenaltar befinden sich Grabsteine wie die des heiligen Konrad von Parzham und einer Ölberg-Gruppe sowie eine ‚Lourdes-Grotte', mit einer ‚anbetungswürdigen' Marienstatue. An der seit über 700 Jahren stattfindenden Kreuzwallfahrt nehmen besonders in Notzeiten viele Menschen teil.

Katholische Kirchengemeinde St. Nikolaus, Kirchstr. 20, 63456 Hanau-Steinheim | Wallfahrtsplatz St. Nikolaus, Kirchstr.22, 63456 Hanau-Steinheim, kreuzwallfahrt.de

73 GROẞAUHEIM

Vom ländlichen Stadtteil zum Industriestandort

Der Stadtteil Großauheim zeigt sich mit dem Mainpanorama von seiner schönsten Seite. Die drei Kirchen, die spätbarocke Jakobuskirche, die neuromanische Paulskirche und die Gustav-Adolf-Kirche prägen die Silhouette. Im Bogen um die Jakobuskirche entwickelte sich das Dorf. Bereits 806 wird der Ort ‚Ewichheim' erwähnt, eine Doppelsiedlung zu beiden Seiten des Mains, die später als Groß- und Klein-Auheim bezeichnet wird → **77**. Bis 1803 gehörte sie zum katholischen Kurfürstentum der Mainzer Erzbischöfe. Danach kam der Ort nach Kurhessen zum Verwaltungsbezirk Hanau und blieb bis weit ins 19. Jahrhundert ein Bauerndorf mit Handwerkern und Mainfischerei.
Mit dem Bau zweier Bahnlinien, Hanau-Aschaffenburg (1854) und Hanau-Babenhausen, entstand die eiserne Doppel-Brücke nach Klein-Auheim (1881) und die Eisenbahn wurde zum Wegbereiter der Industrialisierung. Zigarrenfabriken, Silberwarenhersteller, Diamantschleifer und die nahe königliche Pulverfabrik in Wolfgang boten Arbeitsplätze. Auf ehemals Großauheimer Gemarkung entstanden der Hanauer Hauptbahnhof und der Hanauer Hafen. 1886 errichteten die ‚Rütgerswerke' ihren Betrieb der Holzimprägnierung, insbesondere für Eisenbahnschwellen. Mehrere Dampfsägereien und Holzschneidereien verarbeiteten die als Holzflöße über den Main transportierten Hölzer aus Franken. Mit der ‚Marienhütte' siedelte sich 1899 eine Eisengießerei der ‚Arnimschen Eisenwerke Tangerhütte' an. Die ‚Frankfurter Maschinenbau AG' (Framag) errichtete ein Fabrikareal, in dem später die ‚Brown Boverie & Cie' (BBC) Kühlschränke, Elektroherde und Hochspannungsschaltanlagen fertigte. Auf dem Gelände der einstigen ‚Farbenfabrik am Main' fertigte die ‚Bautz Landmaschinen AG Saulgau' Ackerschlepper.

Das Dorf wurde zur Kleinstadt. Neue Siedlungen für tausende Arbeitskräfte und ein reges Geschäftsleben um den neuen Ortskern, den Rochusplatz, entstanden. Mit den ‚Wirtschaftswunderjahren' kamen Arbeitskräfte aus Spanien, Italien oder der Türkei. Der Zusammenschluss von Wolfgang und Großauheim konnte die im Rahmen der hessischen Gebietsreform 1974 erfolgte Eingemeindung zu Hanau nicht verhindern. Der Strukturwandel der Industrie ab den 1970ern führte später zur Schließung vieler Großauheimer Betriebe.

Infos auch im Museum Großauheim, Pfortenwingert 4, museen-hanau.de, Sa+So 11-17 Uhr | Gastro-Tipp: Der Ratskeller in Großauheim ist seit vier Generationen im Familienbesitz. Im schönen Gastraum oder Biergarten werden hessische Spezialitäten gereicht, hausgemacht von Küchenchef und Metzgermeister Oliver Lotz. Weitere Angebote: ein Online-Metzgerladen auf der Webseite & Vermietung von Gästezimmern. | ratskeller-hanau.de, Krotzenburger Str. 6

Großauheim

Lotz' Ratskeller in Großauheim

MUSEUM GROßAUHEIM

Dampfende Industriegeschichte & Kunst

Seit 1983 befindet sich das ‚Museum Großauheim für Kunst und Industriegeschichte' im ehemaligen Elektrizitätswerk des Orts aus dem Jahr 1906. Neben der historischen Entwicklung von Landwirtschaft, Handwerk und Industrie in der Region, können hier auch Werke der aus Großauheim stammenden Künstler August Gaul und August Peukert bewundert werden.
Für besondere Aufmerksamkeit sorgen im Museum die zu speziellen Anlässen stattfindenden ‚Dampftage', etwa im Rahmen der ‚Tage der Route der Industriekultur Rhein-Main'. Dann werden die Maschinenkessel angeheizt und der über Rohre laufende Dampf setzt die gewaltigen Maschinen des Dampfmaschinenparks in der Museumshalle, im Hof oder auf dem Freigelände mit lautem Getöse in Bewegung. Das ‚Füttern' der Feuerluken durch beständiges Kohleschaufeln oder Holzeinlegen und das Wassernachfüllen übernehmen die Mitglieder des zuständigen Fördervereins ‚Dampfmaschinenmuseum e.V.'. Stets behalten sie dabei den Dampfdruck des Kessels und die Ölstände im Auge, kontrollieren die Transmissionsriemen und vermitteln Besuchern anschaulich etwas von der arbeitsintensiven Technik in den frühen Zeiten der Industrialisierung. Zum Maschinenpark im Museum gehören etwa eine Kleinbahn, eine Dampfspeicherlok, ein Dampftraktor sowie eine Dreschmaschine. Die ersten bescheidenen Dampfmaschinenvorführungen begannen 1989 und entwickelten sich mit der Zeit zu beliebten Großveranstaltungen. An ganz ‚normalen' Tagen lassen sich die riesigen Maschinen durch die Klanginstallation von Erwin Stache erleben: Über Drehregler können die Geräusche der Maschinen zu eigenen Kompositionen gemischt werden. Großformatige Fotos und Texte, vor allem aber Objekte einstiger Hanauer Traditionsbetriebe, wie etwa der Eisengießerei Marienhütte oder der Pulverfabrik Wolfgang, ergänzen die Ausstellung.
Die Sonderausstellung ‚Made in Hanau' rückt die Stadt Hanau als heutigen Unternehmens-, Forschungs- und Entwicklungsstandort in den Mittelpunkt. Zudem erfährt man im Museum Wissenswertes über die Geschichte im Hanauer Raum, über bäuerliches Leben in vorindustrieller Zeit und über diverse Dorfhandwerke, die vielleicht die eigenen Großeltern noch selbst ausgeführt haben. Der künstlerische Ausstellungsbereich Gaul/Peukert lädt zur weiteren Erkundung ein → **75**.

Museum Großauheim für Kunst und Industriegeschichte, Pfortenwingert 4, 63457 Hanau, Öffnungszeiten Sa+So 11-17 Uhr, museen-hanau.de und hanau.de/sehenswert/museen/museum-grossauheim | FDM - Förderverein Dampfmaschinenmuseum e.V. Hanau-Großauheim, Pfortenwingert 4, 63457 Hanau, fdm-hanau.de

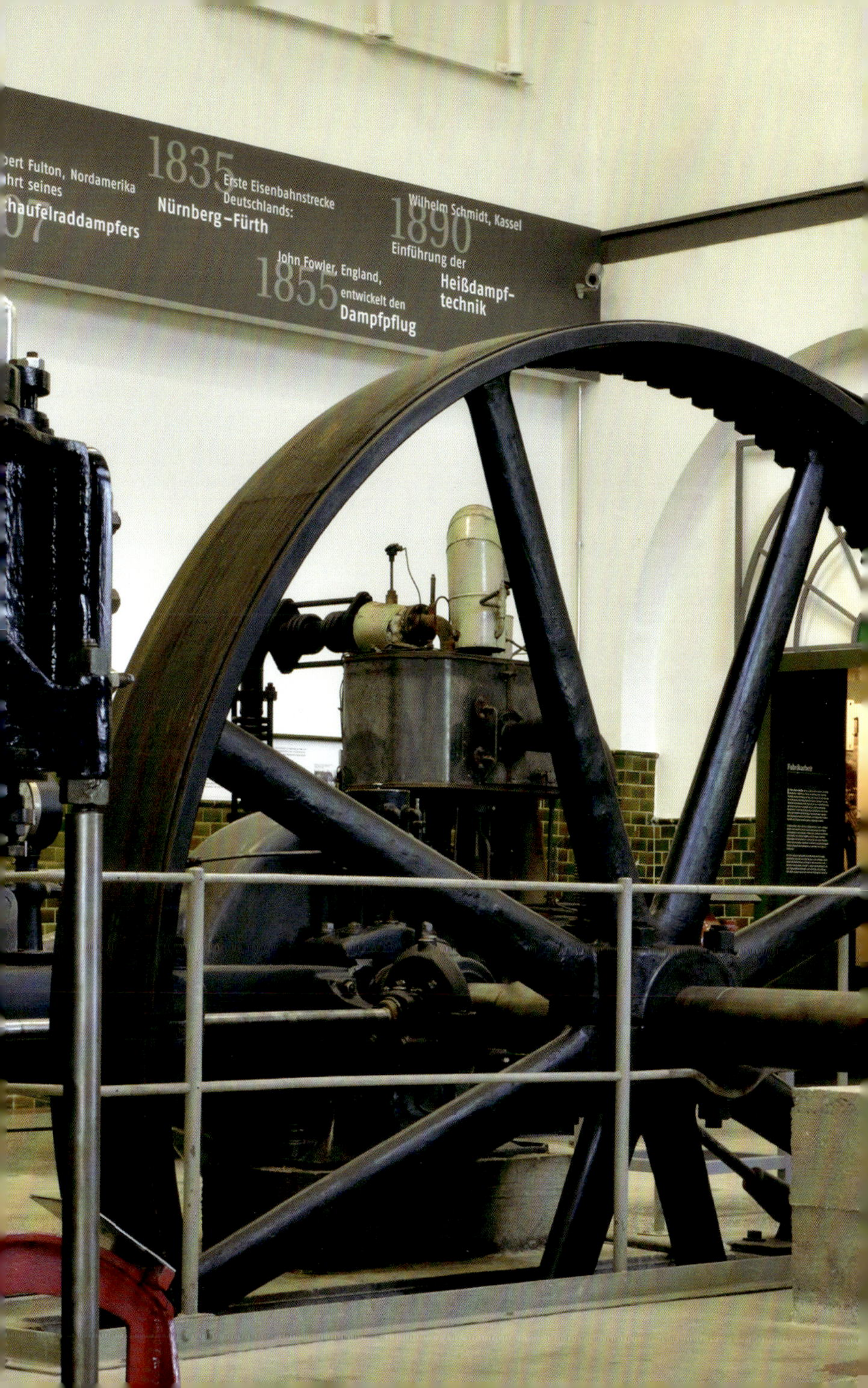
Fulton, Nordamerika
1835
Erste Eisenbahnstrecke
Deutschlands:
Nürnberg–Fürth
1855
John Fowler, England,
entwickelt den
Dampfpflug
1890
Wilhelm Schmidt, Kassel
Einführung der
Heißdampf-
technik

75 ZWEI BERÜHMTE GROßAUHEIMER

August Gaul | August Peukert

Im ‚Museum Großauheim für Kunst- und Industriegeschichte' geht es schon im Eingangsbereich tierisch zu. Die großen und kleinen, wilden und zahmen Tiere aus Bronze wirken sehr lebensecht. August Gaul, 1869 in Großauheim als Sohn eines Steinmetz geboren, absolvierte eine Ausbildung an der Hanauer Zeichenakademie. Mit Unterstützung seines Professors Max Wiese ging er nach Berlin. Nachdem er 1890 eine Dauerfreikarte für den Berliner Zoo gewonnen hatte, betrieb er dort intensive Zeichenstudien. 1894 nahm er ein Studium an der Berliner Kunstakademie auf und besuchte die Klasse des Malers Paul Meyerheim, dessen Stärke die Darstellung von Tieren war. 1895 wurde Gaul Meisterschüler von Reinhold Begas und gehörte 1898 zu den Gründungsmitgliedern der Berliner Secession, einer Gemeinschaft von Künstlern wie Max Liebermann und Walter Leistikow, die sich gegen den vorherrschenden akademischen Kunstbetrieb wandten. Mit dem Kunsthändler Paul Cassirer verband ihn eine lebenslange Freundschaft. Gaul beherrschte alle Formate der Tierplastik von der Kleinplastik bis zu überlebensgroßen Formen und gestaltete zahlreiche Brunnen in Berlin und anderen Städten.

Mit August Peukert ist ein weiterer, über die Main-Kinzig-Region hinaus bekannter Künstler mit dem Hanauer Stadtteil Großauheim verbunden. Der hier 1912 geborene Peukert studierte ab 1926 an der Staatlichen Zeichenakademie Hanau. Bereits als 20-jähriger präsentierte er in Hanau seine Bilder, ab 1936 beteiligte er sich an deutschlandweiten Ausstellungen. In den 1950er Jahren entdeckte er das Medium Glas für sich und experimentierte mit Glasmosaik und Glasmalerei. Er setzte Farben kraftvoll ein und verursachte damit eine dramatische Wirkung: Das zentrale Geschehen der teils religiösen Motive erscheint so, als würde es selbst Licht ausstrahlen. Arbeiten von ihm finden sich in den Kapellen der Hanauer Krankenhäuser und in unzähligen Kirchen der Region. Zudem sammelte Peukert heimatkundliche Altertümer vom römischen Tongeschirr bis zur Jagdflinte mit Pulverhorn und war 1929 Mitbegründer des ‚Vereins für Heimatkunde und Naturschutz'. Auch war ihm die Würdigung des Bildhauers August Gaul ein Anliegen. Seine Sammlung dazu bildet heute den Grundstock der Gaul-Ausstellung im Museum Großauheim. Seit 1990 ist auch August Peukert eine Abteilung im Museum gewidmet.

August Gaul (1869-1921) | August Peukert (1912-1986) |
Informationen auch im Museum Großauheim für Kunst und Industriegeschichte, Pfortenwingert 4, 63457 Hanau, Öffnungszeiten Sa+So 11-17 Uhr, museen-hanau.de
und auch hanau.de/sehenswert/museen/museum-grossauheim

Pinguin Brunnen von August Gaul, Museum Großauheim

n 1955 erhielt die St. Paul Kirche in Großauheim Farbglasfenster von August Peukert

76 DIE MUSEUMSEISENBAHN

Mit der Dampflok auf Fahrt

1988 gründeten einige Enthusiasten den Verein ‚Dampfbahnfreunde Kahlgrund'. Ihr Ziel: Eine historische Dampflok wieder in Betrieb zu nehmen und damit zu fahren. Schon im Sommer 1988 wurde die erste Sonderfahrt mit dem ET 25 zum Weinfest in Neustadt an der Weinstraße organisiert. 2001 wurde der Verein unter neuer Führung in ‚Museumseisenbahn Hanau e.V.' umbenannt.

Seit der ersten Bahnlinie 1848 zwischen Hanau und Frankfurt entwickelte sich die Stadt zu einem Eisenbahnknotenpunkt. Es wurden Bahnstrecken in den Süden über Aschaffenburg, nach Westen über Offenbach, nach Norden über Friedberg und nach Osten durch das Kinzigtal gebaut. Vor dem Ersten Weltkrieg entstanden im heutigen Lamboyviertel weitläufige Kasernen für die preußischen Eisenbahnregimenter II. und III. Aufgabe der auch ‚Eisenbahnpioniere' genannten Einheiten war es, militärisch relevante Eisenbahnstrecken im ganzen Land und die dazugehörende Infrastruktur zu bauen, zu reparieren, zu betreiben – oder im Kriegsfall zu zerstören.

1867 entstand der Ostbahnhof in Hanau, später als Hauptbahnhof bezeichnet, mit einem Bahnbetriebswerk. Hier wurde für die Wartung der Dampflokomotiven ein sogenannter ‚Lokschuppen' mit einer Drehscheibe im Zentrum erbaut. So konnte an den gewaltigen Loks, ohne sie in Betrieb zu nehmen, in verschiedenen Arbeitsschritten gearbeitet werden. Einen bis 1907 erbauten Folgebau nutzt der Verein heute für sein rollendes Material, zu dem mittlerweile verschiedene Dampf- und Dieselloks sowie Waggons gehören. Regelmäßig werden historische Eisenbahnfahrten angeboten wie etwa zur Adventszeit nach Fulda und in den Odenwald. Eine Dampflok der 50er Baureihe aus dem Jahr 1942, die in der DDR 1959 auf neue Kesseltechnik umgerüstet wurde, kann sogar für Betriebs- oder Vereinsfeste gebucht werden. Großen Anklang finden auch die ‚Lokschuppenfeste' mit ihren Vorführungen.

Das Hobby der Eisenbahnfreunde ist überaus kostspielig, denn für die Fahrten auf der Schiene müssen heutige Sicherheitsbestimmungen angewendet werden. Um auch den Erhalt der historischen Gebäude zu sichern, wurde die ‚Stiftung Bahnbetriebswerk Hanau' eingerichtet. Der geplante Aufbau eines Eisenbahnmuseums soll zudem die historische wie heutige Bedeutung der Stadt Hanau im gesamtdeutschen Schienenverkehr vermitteln.

Museumseisenbahn Hanau e.V., Vereinssitz/Betriebsgelände: Heideäcker 1, 63457 Hanau-Großauheim, Postadresse: Friedensstr. 18, 63526 Erlensee, museumseisenbahn-hanau.de und stiftung-deutsche-eisenbahn.de | Der Verein freut sich über ehrenamtlich Helfende, Spenden und Fördermitglieder.

77 KLEIN-AUHEIM

Vom Gummi-Peter bis zu den Bauer-Rädern

Bereits im Jahre 806 wird in einem Dokument des Klosters Lorsch eine fränkische Siedlung mit dem Namen ‚Ewichheim' beidseitig des Mains unterschiedslos erwähnt, vermutlich benannt nach einem Mann namens Ewich, der auf beiden Mainseiten Besitzungen in Form von Wehrdörfern hatte. Erst 1270 wird zwischen beiden Teilen unterschieden, um 1532 ist die Bezeichnung ‚Clein-Awheim' üblich. Seit 1425 bestimmten die Mainzer Kurfürsten und damit die katholische Kirche die Geschicke des zunächst eher unbedeutenden Dorfes, das abseits der damals wichtigen Verbindung Seligenstadt-Steinheim lag.

Die umfassende Industrialisierung setzte ab Mitte des 19. Jahrhunderts mit dem Aufkommen der Tabakindustrie ein, die sowohl in der Fabrik als auch in Heimarbeit betrieben wurde. Hinzu kam die Druckindustrie, die die Banderolen für die Zigarren herstellte. 1921 eröffneten die aus der Steinheimer Druckerei ‚Illert & Ewald' stammenden Zwillinge Friedrich Wilhelm und Heinrich Illert in Klein-Auheim die ‚Großdruckerei Gebrüder Illert'. Bereits seit 1905 produzierte hier auch die überregional bedeutsame ‚Hessische Gummiwarenfabrik Fritz Peter' – und stellte erst Fahrrad-, dann Autoreifen und später Förderbänder sowie Antriebsriemen her. 1914 war auch Ludwig Bauer mit einer ‚Metalldrückerei' von Heddernheim nach Klein-Auheim umgesiedelt. Nach dem Krieg begann die Produktion von Fahrradlampen. Das torpedoförmige Modell der Karbidlampe wurde über 1 Mio. mal verkauft. Ab 1922 folgte die Herstellung von Fahrrädern. Die ‚Bauer-Werke' expandierten, Neubauten entstanden an der Brüder-Bauer-Straße. Ab 1934 wurden Rennräder gebaut, auf einem Bauer-Rad gewann Heinz Müller 1952 die Straßenweltmeisterschaft. Weitere Siegerräder entstanden für den Radball- und Kunstrad-Sport, hinzu kamen Mopeds, Motorräder, Kinderräder und Roller → **78**.

Die Unternehmen machten aus dem einst bäuerlich geprägten Klein-Auheim eine wohlhabende Gemeinde. In den ‚Wirtschaftswunderjahren' veränderte sich jedoch vieles. Autos verdrängten die Motorräder und auch den anderen Firmen erging es nicht viel besser. Heute gibt es die einstigen Pioniere nicht mehr. Ihre Fabrikareale wurden in Wohn- und Gewerbegebiete umgewandelt. Aufmerksame Fahrradfreunde können sie aber noch heute im Stadtbild entdecken: die Bauer-Fahrräder aus Klein-Auheim.

Informationen dazu auch im Museum im ‚Radwerk – Die Kulturstätte am Main', Gutenbergstr. 7, 63456 Hanau/Klein-Auheim, Öffnungszeiten Sa+So 13-17 Uhr, radwerk-Hanau.de oder facebook.com/radwerkhanau

HOTEL

78 RADWERK

Ein Ort für Geschichte, Kultur & Co.

Im Sommer 2019 öffnete das ‚Radwerk' seine Pforten im Gebäude der einstigen ‚Ingra-Druckerei' im Gewerbegebiet Klein-Auheim. Die nahe des Mainufers gelegene Kulturstätte beherbergt verschiedene Vereine und Gewerbetreibende. So zeigt etwa der ‚Heimat- und Geschichtsverein Klein-Auheim' im ‚Museum im Radwerk' unter dem Motto ‚Menschen Räder Erinnerungen' die geschichtliche Entwicklung des Ortes Klein-Auheim bis zur Eingemeindung nach Hanau 1974. Elf Bereiche zu Themen wie ‚Handel und Handwerk', ‚Zwischen Feld und Fabrik' oder ‚Boomtown Klein-Auheim' visualisieren anhand zahlreicher Exponate, Projektionen oder Hör- und Videostationen die Veränderungen der Arbeitswelt und Alltagskultur durch die Industrialisierung. Persönliche Erfahrungsberichte ergänzen die Themen. Einen Schwerpunkt der Ausstellung bildet die weltweit größte Sammlung von historischen Fahr- und Motorrädern, die einst in den Klein-Auheimer ‚Bauer-Werken' gefertigt wurden und die von hier aus in die ganze Welt exportiert wurden → **77**.

Neben dem ‚Museum im Radwerk' haben auch die ‚Schlepperfreunde Klein-Auheim e.V.', sowie die ‚Eisenbahnfreunde Hanau e.V.' im ‚Radwerk' ein Domizil gefunden. Die ‚Schlepperfreunde Klein-Auheim' widmen sich dem Erhalt und der Ausstellung historischer Traktoren und Landmaschinen. Sie nehmen an Veranstaltungen wie etwa Treckertreffen teil oder organisieren Ausfahrten. Größtes Event ist die Traktor-Weltmeisterschaft am Großglockner, an der man bereits vier mal teilgenommen hat. Regen Zulauf verzeichnet auch das alljährliche Frühlingsfest im Mai.

Der 1975 gegründete Verein der ‚Eisenbahnfreunde Hanau e.V.' installierte im Radwerk seine Modelleisenbahn-Anlagen auf etwa 200 qm in fünf Spurweiten. Große und kleine Eisenbahnfreunde können an jedem ersten Wochenende im Monat die Anlagen bestaunen.

Zum ‚Radwerk' gehört auch das Fahrradgeschäft ‚Günthers Ratladen', in dem der namensgebende Hausherr mit Rat und Tat Fahrradfreunden beim Kauf oder der Reparatur eines Rades zur Seite steht. Eine Pause einlegen lässt sich im Café ‚Mainrad & mehr'. Zudem befindet sich auf dem Freigelände die ‚Drahtesel-Lounge', eine Event-Location mit überdachter Bühne, die gemietet werden kann. Hier finden Adventsmärkte, Frühlings- oder Oktoberfeste statt.

‚Radwerk – Die Kulturstätte am Main', Gutenbergstr. 7, 63456 Hanau, Öffnungszeiten Sa-So 13-17 Uhr, radwerk-Hanau.de oder facebook.com/radwerkhanau | Museum im Radwerk/Heimat- und Geschichtsverein Klein-Auheim e.V. , hgv-klein-auheim | Schlepperfreunde Klein-Auheim e.V., schlepper2001.de | Eisenbahnfreunde Hanau e. V., eisenbahnfreunde-hanau.de | alle Gutenbergstr. 7, 63456 Hanau/Klein-Auheim

BAUER
BAUER
Radball-Lenker und -Sattel

79 MITTELBUCHEN

Vom Dorf zum Hanauer Stadteil

Mittelbuchen ist der kleinste und zugleich älteste Stadtteil Hanaus. Rund 4.000 Menschen leben in dem 1972 eingemeindeten Stadtteil. Vom einem Ort mit dörflichem Charakter hat er sich in den letzten Jahren zur beliebten Wohnlage am nördlichen Rand der Stadt Hanau entwickelt.

Sehenswert ist das Heimatmuseum im Obertor, das sich im alten Ortskern befindet. Wie auf Stelzen erhebt sich das 1814 aufgesetzte Fachwerkhäuschen über den beidseitigen Bruchsteinmauern. Das darunter liegende Tor wurde nachts verschlossen. Noch bis 1828 hielt sich dort ein Pfortenwächter in der Wachstube auf und ein kleines Torhaus wurde angefügt. Dahinter ragt der rund 8 m hohe, steinerne ‚Säuturm' auf. Allerdings standen keine Säue Pate bei der Namensgebung, vielmehr leitet sich die Bezeichnung von der säulenartigen Bauform ab. Er war Teil einer Befestigungsmauer am Obertor. Mächtigster Wehrturm im Ort war jedoch der 1494 fertiggestellte freistehende spätere Kirchturm.

Anlässlich des 1200-jährigen Jubiläums der Gemarkung Buchen, die 798 erstmalig Erwähnung im Lorscher Kodex fand, wurde 1998 ein Heimatmuseum im Obertor eröffnet. Betrieben wird es vom Heimat- und Geschichtsverein, der sich für den Erhalt und die Sanierung der Obertoranlage einsetzte. In zwei Räumen im Erdgeschoss ist die Vor- und Frühgeschichte des Büchertals dargestellt, das u.a. die südliche Wetterau von Dörnigheim über Mittelbuchen bis Rüdigheim umfasste und ein zentraler Bestandteil der Grafschaft Hanau-Münzenberg war. Von den ersten Bauern der frühen Linienbandkeramik bis zu den Kelten, Römern, Alamannen und den fränkischen Siedlern des Ortes werden Artefakte aus über 7.000 Jahren Geschichte ausgestellt. 2001 wurden bei Grabungen Kastell-Anlagen einer römischen Garnison entdeckt, über die hier ebenso Auskunft gegeben wird.

Die oberen Räume des Museums beschäftigen sich mit der historischen Lebensweise der Region, vom Obstbau als wichtigem Erwerb der ländlichen Bevölkerung bis zur Industrialisierung am Beispiel des Arbeitsplatzes eines Diamantschleifers. Archivalien mit Mittelbuchener Rechtsfällen geben Einblick in die Kriminalgeschichte des Ortes seit dem 16. Jahrhundert. Texte und Fotos thematisieren die Geschichte Mittelbuchens bis zur Gebietsreform in den 1970ern.

Heimatmuseum Mittelbuchen/Mittelbuchener Heimat und Geschichtsverein e.V., Alte Rathausstr. 31, 63454 Hanau-Mittelbuchen, mittelbuchen-geschichtsverein.de |
Wissenswert: Hanau-Mittelbuchen verfügt über ein eigenes Newsportal: mittelbuchen-online.de

80 INDUSTRIEPARK WOLFGANG

Von Schießpulver und Hightech-Industrie

Unmittelbar an der Autobahnauffahrt Wolfgang erstreckt sich der Industriepark auf dem Gelände der einstigen königlich-preußischen Pulverfabrik, das bis in die 90er Jahre, ebenso wie der benachbarte Technologiepark Wolfgang, auch Standort der Nuklearindustrie war. Heute sind an dem modernen Forschungs-, Entwicklungs- und Produktionsstandort etwa sieben internationale Unternehmen mit rund 5.500 Arbeitnehmern ansässig. Sie sind in den Bereichen Materialtechnologie, Spezialchemie, Bio- und Nanotechnik sowie Pharma tätig. Betreiber des Industrieparks Wolfgang ist das Spezialchemieunternehmen Evonik.

1875 wurde die Pulverfabrik als preußischer Gutsbezirk mit eigener Verwaltung gegründet. Der Staatswald konnte hier schnell in Baugebiet umgewidmet werden und unweit lag die preußische Garnisonsstadt Hanau. Neben den Produktionsgebäuden wurden Wohnhäuser, Schule und Bahnhof errichtet. Während des Ersten Weltkriegs produzierten gut 5.000 Personen, meist Frauen, Röhrenpulver, Schießbaumwolle und Sprengstoff in der auch ‚Pulvermühle' genannten Fabrik. Nach dem Krieg musste im Deutschen Reich die Rüstung eingestellt werden. Ein Teil der alten Backsteingebäude ist bis heute erhalten, wie etwa die zwei Wassertürme. 1922 entwickelten Chemiker ein Verfahren, um aus den restlichen Materialbeständen Kunstleder zu erzeugen. Die daraus hervorgegangenen ‚Deutschen Kunstlederwerke' wurden 1933 von der ‚Degussa' übernommen. Das Traditionsunternehmen war 1873 in Frankfurt als ‚Deutsche Gold- und Silber-Scheide-Anstalt' (kurz Degussa) gegründet worden und auf die ‚Abscheidung' – die Rückgewinnung von Edelmetallen, etwa aus Münzen – spezialisiert. Es entwickelte ein Verfahren zur Herstellung von dekorativem Glanzgold und stellte später auch Chemikalien her. Während des Zweiten Weltkriegs war die Degussa stark in die Verbrechen des Nationalsozialismus verstrickt. Seit Jahrzehnten bemüht man sich intensiv um die Aufarbeitung dieser Zeit. Ab 1957 verlegte die Degussa wichtige Produktions- und Forschungsstätten nach Wolfgang und in den 1970er Jahren entstand hier das größte europäische Werk der Edelmetallproduktion. 2007 wurde die Degussa Teil des Unternehmens ‚Evonik'.
Heute werden hier erfolgreich Lipide für mRNA-Impfstoffe, Pharma-Wirkstoffe oder Chemiekatalysatoren produziert.

Industriepark Wolfgang, Rodenbacher Chaussee 4, 63457 Hanau,
industriepark-wolfgang.de | evonik.com

Impfstoffe
für Milliarden
Pos. 9090
Pos. 9160
Pos. 9170
Pos. 9180

81 ST. WOLFGANG

Die Klosterruine und das Forstamt Wolfgang

Biegt man im Hanauer Stadtteil Wolfgang von der Rodenbacher Chaussee in die schmale Waldstraße ab, so erreicht man eine märchenhaft erscheinende Ruine. Der Turm und die Mauern sollen Clemens Brentano 1830 zu dem Märchen ‚Gockel, Hinkel und Gackeleia' angeregt haben. Das Gemäuer sind die Reste eines kleinen Klosters des Servitenordens, der Diener Mariens, und war eines der ersten Gebäude, die es hier im undurchdringlichen Bulauwald gegeben haben soll. Der Hanauer Stadtteil Wolfgang erhielt seinen Namen von diesem Kloster.

1468 stiftete Asmuß von Ulme, genannt Erasmus Hasefuß, hier eine Kapelle zu Ehren des heiligen Wolfgang, der um 972 als Bischof in Regensburg wirkte. Hasefuß war Hofquartiermeister des frommen Hanauer Grafen Philipp I. von Hanau-Münzenberg. Schon bald fand die Kapelle den Gefallen des Grafen und mit seiner Hilfe entstand hier das Klösterlein des Bettelordens. Die Kapelle wurde zur Kirche ausgebaut, ein Schlafsaal, Speisesaal, Kellerlager und eine Werkstatt hinzugefügt. Vier Mönche und ein Prior bewirtschafteten das Kloster ‚St. Wolfgang'. Wegen seines Bier- und Weinausschanks erfreute es sich regen Zuspruchs bei den Reisenden auf dem Weg zwischen Hanau und Rodenbach. Im Bauernkrieg um 1525 wurde das Kloster mehrmals zerstört. Bis heute haben sich der etwa 10 m hohe, nicht zugängliche Turm, die Mauern der Sakristei und der Brunnenkranz erhalten.

1715 ließ Graf Johann Reinhard III. von Hanau-Lichtenberg angesichts der damals herrschenden Vorliebe für Burgenromantik in Sichtweite der Klosterruine ein Jagdschlösschen errichten. Unter königlich-preußischer Herrschaft wurde das Jagdhaus 1868 zur Oberförsterei erhoben, später wurde die Anlage erweitert und 1994 durch einen Neubau ergänzt.

Heute betreut und bewirtschaftet hier das Forstamt Hanau-Wolfgang den Hanauer Staatswald und unterhält eine Samendarre mit Waldbaum-Saatgut. Angeboten werden auch eine mobile ‚Waldbauernschule', Grillplatzvermietung und waldpädagogische Veranstaltungen.

Im ‚Waldladen' gibt es Wildfleisch von Tieren aus verantwortungsvoller forstwirtschaftlicher Jagd sowie Küchenfertiges wie etwa Wildbratwurst und Wildsalami, aber auch Honig aus dem heimischen Wald. Angegliedert sind auch das Forstmuseum und der Wildpark ‚Alte Fasanerie' in Klein-Auheim → **91**.

---

naturpark-hessischer-spessart.de | hanau.de/sehenswert/stadtteile/wolfgang | Forstamt Hanau-Wolfgang, Rodenbacher Chaussee 10 a, 63457 Hanau, hessen-forst.de/forstaemter/forstamt-hanau-wolfgang | Waldladen am Forstamt Wolfgang, Öffnungszeiten Mi 14-17 Uhr + Fr 12-14 Uhr

Klosterruine St. Wolfgang

82 MILITÄRSTANDORT HANAU

Kasernen werden zu Wohnquartieren

Die Stadt Hanau hat eine lange Tradition als königlich-preußische Garnisonstadt und Militärstandort. Im Bezirk Lamboy entstanden um 1886 die Francois-Kaserne, später die Hessen-Homburg-Kaserne, die Hutier- und die Yorkhof-Kaserne. Zu Beginn des 1. Weltkriegs gab es in Hanau ca. 7.000 Soldaten: Eisenbahnpioniere, Infanterie und Kavallerie. Mit der Machtübernahme der Nationalsozialisten wurde der Standort weiter ausgebaut. Hinzu kamen im Stadtteil Wolfgang die Pionier-Kaserne und die Argonner-Kaserne. Mit dem Ende des Zweiten Weltkriegs kamen die US-Amerikaner nach Hanau. Durch die Konfrontation mit dem ‚Ostblock' im ‚Kalten Krieg' manifestierte sich ihre Präsenz in der Bundesrepublik. Hanau wurde zu einem der größten Militärstützpunkte der US-Army in Europa. Zu Beginn bezogen die Truppen die Kasernenbauten der NS-Zeit in Wolfgang. Nach Auflösung des ‚Lagers für Displaced Persons', für ehemalige Zwangsarbeiter und Gefangene aus Konzentrationslagern, ließ die US-Army ab 1950 auch die Kasernen der Kaiserzeit im Lamboy für ihre Zwecke ausbauen. Zum Standort Hanau zählte zudem die Kaserne in Großauheim und die dort erst 1985 errichtete Underwood-Kaserne sowie der Fliegerhorst Erlensee und Liegenschaften in Büdingen und Gelnhausen. Zeitweise lebten in der Military Community rund 45.000 Militär- und Zivilpersonen. Für ihre Familien wurden Wohnblocks, die ‚Housing Areas', in Wolfgang und im Lamboy errichtet. Äußerlich waren sie nicht von Häusern der 1950er-Aufbaujahre zu unterscheiden. Aber dazwischen gab es reichlich Parkplätze für die großen ‚Ami-Schlitten' sowie Barbeque-Plätze. Rund um die Military Communities und ihren ‚American Way of Life' entstanden Kindergärten, Schulen, Sportplätze, Kaufhäuser. Der ‚Cardwell-Clan' finanzierte Bildungs- und Freizeiteinrichtungen für die Soldaten, wie die Turnhalle in der Cardwell-, heute Chemitzer Straße. Dort trainierte einst der hessische Boxchampion Fritz ‚Muffel' Mück. In den 1960/70ern erlangte die von Militärangehörigen frequentierte Hanauer Club- und Musikszene große Bedeutung → **23**. 1990–2008 erfolgte allmählich der Abzug der hier stationierten Einheiten, die Kasernen wurden zurückgegeben. Im Rahmen des ‚Konversionsprozesses', dem Umbau der militärischen Anlagen für die zivile Nutzung, wurden aus den ehemaligen Kasernen attraktive Wohnquartiere.

Informationen auch unter hanau.de/stadtentwicklung/geschichte/konversion

Ehemalige François-Kaserne

83 HERAEUS

Vom Apotheker zum Global Player

Ein Eckgebäude aus zweifarbigen Backsteinen am Rand der Innenstadt markiert das Hauptquartier eines der größten weltweit agierenden Technologiekonzerne Hessens. Das Traditionsunternehmen Heraeus, das sich als Konzern-Holding noch immer im Familienbesitz befindet, hat hier seit 1896 seinen Standort. Insgesamt sind bei Heraeus etwa 16.200 Mitarbeitende an über 100 Standorten in 40 Ländern auf den Gebieten Gesundheit, Umwelt, Mobilität, Kommunikation und Energie in Produktion und Forschung tätig. Zum Firmenportfolio zählen 12 Geschäftseinheiten, die sich wiederum in zahlreiche Sparten und Industrieprodukte aufgliedern. Für den Endverbraucher sind die meisten Produkte nicht direkt zu erwerben und doch in diversen Dingen des täglichen Lebens enthalten, wie zum Beispiel in Fahrzeugen, Kosmetik oder Medikamenten. Führend ist Heraeus etwa auf dem Gebiet der Katalysatortechnik. Diese umfasst metallische Beschichtungen von Katalysatoren für Kleinmotoren oder Rußpartikelfilter für Autos, industrielle Großanlagen und Recycling-Systeme. ‚Heraeus Nobelight' ist ein Spezialist für Lichttechnik und stellt Produkte für UV- oder Infrarotlicht-Lampen her, die der Wasser- oder Luftreinigung dienen. Im Gesundheitsbereich werden Wirkstoffe etwa für die Krebstherapie entwickelt. Zum Kerngeschäft von Heraeus gehört außerdem die Herstellung von Quarzglas, das für Handys, Bildschirme, Lasergeräte oder für die Laserfusion, eine neue Methode zur Gewinnung von Kernenergie genutzt wird.

Heraeus gilt als eine der ältesten Unternehmer-Dynastien Deutschlands. Der Ursprung des Familienunternehmens reicht bis in das 17. Jahrhundert zurück. Im Jahr 1660 übernahm Isaac Heraeus eine Hanauer Apotheke. 1668 erfolgte die Eröffnung einer Apotheke am Neustädter Markt mit dem Namen ‚Zum weißen Einhorn'. Sein Sohn Franz Heraeus führte die väterliche Apotheke fort und lieferte das Feingold zur Vergoldung des Hahns auf der ‚französischen Kirche'. Die Einhorn-Apotheke wurde zur ‚Hof-Apotheke'.Wilhelm Carl Heraeus legte 1851 den Grundstein für das heutige Familienunternehmen. Ihm gelang das Schmelzen von Platin und damit der Aufstieg zur Vakuumschmelze. Mit dem Fabrikneubau kam die Goldproduktion für die Glas- und Keramikindustrie sowie später die Quarzglasgewinnung hinzu.

Heraeus Holding GmbH, Heraeusstr. 12-14, 63450 Hanau,
info@heraeus.com, heraeus.com

Heraeus

84 REIFEN, BÄLLE UND MATRATZEN

Das Reifenwerk Dunlop/Goodyear

Seit rund 130 Jahren befindet sich das ‚Dunlop Reifenwerk' in Hanau – das seit 2015 zur amerikanischen ‚Goodyear Tire Company' gehört. Die Geschichte beginnt, als der schottische Tierarzt John Boyd Dunlop in Belfast, Nordirland, einen pneumatischen Reifen entwickelt. In seiner Tierarztpraxis musste Dunlop mit Gegenständen aus Kautschuk hantieren und konstruierte einige Apparaturen, für die er Gummi verwandte. 1887 erschuf er seinen ersten luftgefüllten Gummireifen, umwickelt mit Stoffstreifen aus einem Kleid seiner Frau. Überliefert ist die Anekdote, dass er den Reifen erfand, damit das Dreirad seines Sohnes nicht einen solchen Lärm verursachte. 1888 meldete Dunlop ein Patent an – auch wenn die ‚Neu-Erfindung' schon 40 Jahre zuvor von einem Landsmann patentiert worden war.
1889 gründete Dunlop eine Fabrik und eröffnete 1893 in Hanau ein Zweigwerk, das jedoch bald abbrannte. Eine neue Fabrik wurde noch weiter vor der Stadt, in der heutigen Dunlopstraße, errichtet. Die Kriegszerstörungen des Zweiten Weltkriegs überstand einzig der Wasserhochbehälter mit dem alten Schriftzug, auch auf dem Fabrikschlot prangt heute weithin sichtbar der Name Dunlop.

Nach wie vor werden an diesem Ort Reifen gefertigt. Nach Fahrradreifen erweiterte Dunlop in den Anfangsjahren die Produktion auf Motorrad- und Autoreifen. 1904 kamen ‚Hevea'-Gummistiefel, 1910 Golfbälle, 1917 Tennisschläger und vieles mehr hinzu. 1932 begann die Produktion von Latex-Matrazen. In den 1950er-Aufbaujahren boomte das Geschäft mit Dunlop-Bodenbelagsplatten. 1962 entwickelte Dunlop gegen das Aquaplaning beim Autofahren Reifen mit Ablaufprofilen. Zehn Jahre später gelang der ‚Runflat-Reifen', ein Autoreifen mit Notlaufeigenschaften im Pannenfall. 2014 mit dem ‚Noiseshield' folgte die Reduzierung der Fahrgeräusche und noch heute wird das älteste und einfachste Fahrradventil ‚Dunlopventil' genannt.
Inzwischen konzentriert sich Dunlop auf das Kerngeschäft der Fahrzeugreifen. Treugeblieben ist die Firma dem Motorsport, insbesondere den 24-Stunden-Rennen von LeMans, den Deutschen Tourenwagen Meisterschaften und diverser Motorradrennen. Seit 2015 gehört das Hanauer Werk den US-Amerikanern nach einem 16-jährigen Intermezzo bei der japanischen Firma ‚Sumitomo Rubber Industries'.

Goodyear Germany (ehem. Dunlop), Dunlopstr. 2, 63450 Hanau,
info-dunlop@dunlop.de, dunlop.eu

DUNLOP
D

85 DIE WOLFSPFOTE

Jack Wolfskin – Eine Marke erobert die Welt

Das Outdoor-Dress mit der Wolfspfote ist heute weltweit Standard bei der Allwetter-Bekleidung – und alles begann mit dem ‚Urgestein der Outdoor-Ausstatter' Ulrich Dausien. Der gebürtige Hanauer, Sohn des Verleger- und Buchhändlerehepaares Margret und Werner Dausien, war ehemaliger Pfadfinder, Sponti und Hausbesetzer, aber auch geschäftstüchtiger BWL-Student der Goethe-Universität in Frankfurt. Auf dem Flohmarkt eröffnete er seinen ersten Stand und verkaufte erfolgreich Palästinensertücher. Während einer Aushilfstätigkeit auf einer Jagdsport-Messe in Nürnberg lernte er 1977 einen taiwanesischen Rucksack- und Schlafsack-Exporteur kennen – der die Jagdmesse mit einer Sportmesse verwechselt hatte. Niemand kaufte seine Sachen, bis auf Ulrich Dausien. Noch im selben Jahr erfolgte die Gründung seiner ersten Firma für den Import von Wander- und Reiseausrüstung in Frankfurt. Unter seinem Pfadfinderspitznamen ‚Sine' verkaufte er bis 2012 Schlaf- und Rucksäcke. 1981 entwickelte Dausien die berühmte Doppeljacke: Mit dem Integrieren eines zweiten Reißverschlusses konnte die Innen- wie Außenjacke separat getragen und die Oberbekleidung entsprechend der vorherrschenden Temperatur angepasst werden. Die Idee vermarktete er unter dem Label ‚Jack Wolfskin', frei nach Jack Londons Abenteuerroman und Klassiker ‚Wolfsblut', dessen Titel er abwandelte. Der Abdruck der Wolfspfote wurde zum Markenzeichen und die Doppeljacke trat ihren weltweiten Siegeszug an. Doch der wachsende Absatz und Vertrieb der Wolfskin-Produkte verlangte große Investitionen, die Dausien nicht leisten konnte. Er verkaufte an ein amerikanisches Unternehmen und blieb noch bis 1994 Geschäftsführer. Heute gehört das weltweit führende Unternehmen für Outdoor-Ausstattung und Bekleidung dem US-Unternehmen Topgolf Callaway Brands Corp.

Nach einer kreativen Inselpause eröffnete Dausien 1995 den Outdoor-Fachmarkt ‚McTrek' mit Sitz in Bruchköbel. Restposten, Retouren und 2.Wahl-Ausrüstung waren eine weitere Marktlücke. 2017 – McTrek war zum zweitgrößten Outdoor-Einzelhändler Deutschlands gewachsen – verkaufte Dausien die Firma an ein belgisches Unternehmen. Seitdem ist Ulrich Dausien als Unternehmensberater für Produktentwicklung, Multichannelhandel und als Investor eines IT-Start-Ups (Ivicos) tätig. Zudem ist er Kunstgalerist (Hiraya).

McTrek Retail GmbH, Keltenstr. 20 b, 63486 Bruchköbel, info@mctrek.de,
mctrek.de | Ivicos GmbH, ivicos.eu | Hiraya Galerie, hiraya.de
Kontakt: u.dausien@ulrich-dausien.de

Ulrich Dausien

86 MAIN-SCHIFFFAHRT

Vom Treideln zum Main-Hafen

Begeht man den Uferweg von der Kinzigmündung mainaufwärts, so tritt man auf Kopfsteinpflaster. Es ist eines der wenigen Zeugnisse des Leinpfades. In vorindustrieller Zeit zogen auf diesem Weg Pferde die Mainschiffe flussabwärts. Bei günstigem Wind halfen Segel mit und bei Windstille musste auch flussaufwärts getreidelt werden. Gewöhnlich zogen drei Pferde mit einem Reiter die hölzernen Schiffe an langen Leinen – keine ungefährliche Arbeit bei starker Wasserströmung. Die Kräfte, die auf das Zugseil einwirkten, lassen sich noch an den Sandsteinplatten der zwei Flutbrücken auf der Philippsruher Allee erkennen. Den Leinzug, das Treideln, lösten im 19. Jahrhundert die Dampfschiffe ab. Damit verbunden war die Regulierung des Flusses, denn der Main hatte eine höchst unregelmäßige Wasserführung. Der Bau von Staustufen und Begradigungen machten ihn zur Wasserstraße. Dadurch wurde auch die Kettenschifffahrt eingestellt. Mittels einer Winde hatten die Motorschiffe die im Fluss liegende Kette aufgenommen und damit die angehängten Lastkähne im Wasser gezogen. Wegen des Tons des Signalhorns, der an das Muhen einer Kuh erinnerte, wurde das Motorschiff auch ‚Maakuh' (Mainkuh) genannt.

Der Verkehr und die Größe der Schiffe nahmen zu und somit brauchte auch Hanau einen entsprechenden Hafen. Das ca. 1 km lange Hafenbecken wurde 1924 eingeweiht. Mit Portalkränen wurden die Güter von Schiffen auf Waggons oder Lastwagen und umgekehrt geladen. Heute legen jährlich über 1.100 Binnenschiffe im Hanauer Hafen an, um ihre Ladung zu löschen oder neu aufzunehmen. Rund 1,8 Mio. Tonnen lose Massengüter, wie Kali und Dünger, Sand und Kies, Getreide und Raps, Recyclingmaterial und Schrott, sowie Mineralöl- und chemische Produkte werden jährlich umgeschlagen. Auch als Anlegestelle für Flusskreuzfahrtschiffe gewinnt der Hafen an Bedeutung. Mittlerweile zählt der Hanauer Hafen zu einem der umschlagstärksten an der ‚europäischen Wasserstraße Rhein-Main-Donau'. Aus Sicherheitsgründen ist das Areal des Hafens nicht zu betreten. Doch bietet die Verwaltung ‚Allgemeine Hafenführungen' an, deren Termine auf der Webseite bekannt gegeben werden. Auch können individuelle Besichtigungen für Gruppen vereinbart werden.

Hanau Hafen GmbH, Saarstr. 12, 63450 Hanau
info@hanau-hafen.de, hanau-hafen.de

RHENUS
BINAU D
02323386
RESONARE

87 GARTENSTADT UND KLASSISCHE MODERNE

Siedlung Hasenpfad | ‚Zirkus Blaum'

Unmittelbar am Ufer der Kinzig, nahe der alten Eisenbahnbrücken, befindet sich die kleine Wohnsiedlung am ‚Hasenpfad'. Die hübschen zwei- bis dreigeschossigen Häuser verfügen über vor- und rückspringende Fassaden, Klappläden, zergliederte Dachaufbauten und umlaufende Vorgärten. Die Siedlung spiegelt stadtplanerisch die damals moderne Idee der Gartenstadt im Kleinen wider. Der Karlsruher Architekt Emil Deines, Wegbereiter moderner Architektur in Hanau, entwarf die um 1907 erbaute Werkssiedlung für die Mitarbeiter der Firma Heraeus. Die Industrialisierung Ende des 19. Jahrhunderts ließ in den Städten Arbeiterwohnviertel mit großer Enge und miserablen hygienischen Verhältnissen entstehen. Mit den Gartenstädten und dem von Fabriken und Wohnungsbaugesellschaften betriebenem Siedlungsbau sollte dem entgegengewirkt werden. Die standardisierten Wohnungen verfügten über Bäder und kleine Gärten für die Selbstversorgung.

Eine zweite erhaltene Arbeitersiedlung befindet sich an der Josefstraße. Die beidseitigen Backsteinhäuser ließ hier der katholische St.-Josef-Bausparverein um 1898 nach Plänen des Hanauer Architekten Jean Bernges errichten.

‚Zirkus Blaum' nannten die älteren Hanauer die Wohnanlage am Beethovenplatz lange Zeit. Die eigenwillige Bezeichnung geht auf den damaligen Bauherrn, den Hanauer Oberbürgermeister Dr. Kurt Blaum, zurück. Er ließ um 1926 am nordwestlichen Rand der Stadt ein neues Wohngebiet als kreisförmige Anlage im Stil der neuen Sachlichkeit nach Plänen des Architekts Georg Clormann errichten. Als 1928 die Hanauer Straßenbahn der Linie 1 von der Rosenau bis zum Beethovenplatz verlängert wurde, legte man die Endstation als Rundung aus. Die Straßenbahn umkreiste wie Zirkuspferde in der Manege den Platz.

In den Straßenzügen unmittelbar hinter dem Beethovenplatz entstanden weitere stilistisch angeglichene Wohnbauten. Andere markante Gebäude der Klassischen Moderne, wie das Kaufhaus Tietz, das Kaufhaus Wronker oder das erste St.-Vinzenz-Krankenhaus wurden abgerissen.

Auf dem Beethovenplatz fährt die Tram längst nicht mehr. 1979 wurde der gusseiserne Schwanenbrunnen vom Westbahnhof in die Kreismitte des viel befahrenen Platzes gesetzt. Es ist der einzige erhaltene Brunnen des 19. Jahrhunderts im öffentlichen Hanauer Stadtraum.

Tipp: Unter dem Label ‚Kulturregion Frankfurt Rhein Main' werden Projekte interkommunal vernetzt und kommuniziert, darunter auch zur Garten- und Industriekultur. Hasenpfad: krfrm.de/krfrm/interaktive-karte/arbeitersiedlung-der-firma-w.c-heraeus | Beethovenplatz: krfrm.de/krfrm/interaktive-karte/wohnsiedlung-beethovenplatz

Siedlung Hasenpfad

Beethovenplatz

HISTORISCHE BAUWERKE

Nürnberger- und Frankfurter Tor | Bismarckturm

Von der einstigen Befestigung der Hanauer Alt- und Neustadt existieren nur noch zwei Stadttore der Neustadt: Vom Nürnberger Tor, das aus einem eisernen Tor mit je einem Wachhaus zu beiden Seiten bestand, blieb eines der Häuser erhalten. Es wurde im klassizistischen Stil mit vier Sandsteinsäulen um 1830 am Ende der Nürnberger Straße errichtet. Heute beherbergt es das Büro der Volksbühne Hanau, die hier die Theater-Gastspiele im Comoedienhaus Wilhelmsbad und im Congress Park koordiniert. Das Gebäude des Frankfurter Tors entstand vermutlich im Zuge der Neugestaltung der Wallanlagen. Es wurde als repräsentatives Empfangstor im Stil des Barock nach Plänen von Hofbaumeister Christian Ludwig Herrmann im Auftrag des Hanauer Grafen Johann Reinhard III. von Hanau-Lichtenberg 1722 errichtet. Die Empfangsseite mit drei Fensterachsen erhielt einen Dreiecksgiebel, der das Doppelwappen des Grafen und seiner Gemahlin zeigt. Im Obergeschoss über den drei Durchgangsbögen befand sich ein Empfangssaal. Im Zweiten Weltkrieg stark beschädigt, wurde es ab 1953 wieder aufgebaut. Heute befinden sich dort Schulungsräume des angrenzenden St. Vinzenz-Krankenhauses.

Am westlichen Rand des Staatsparks Wilhelmsbad ragt 18 m hoch der Bismarckturm empor. Er ist steinernes Zeugnis einer in weiten Kreisen des Bürgertums unkritischen und geradezu fanatischen Bismarck-Verehrung, die dem einstigen Reichskanzlers und Begründer des ersten Deutschen Nationalstaats und Deutschen Kaiserreichs, Otto von Bismarck, an dessen Lebensende zu Teil wurde. Die Bismarck-Begeisterung brachte die Benennung von Schiffen, einer Fächerpalme in Madgaskar und die sauer eingelegten Heringsfilets mit sich. In besonderen Maßen traten hier die deutschen Burschenschaften hervor. Aus einem von ihnen initiierten reichsweiten Architektur-Wettbewerb ging 1899 das Modell ‚Götterdämmerung‘ von Wilhelm H. Kreis als Sieger hervor. Im gesamten Deutschen Kaiserreich und in Übersee entstanden rund 240 Bismarcktürme und -säulen, meist nach diesem Modell. An Gedenktagen leuchteten reichsweit Feuer darauf. Im Jahr 1900 gründete sich auch in Hanau ein Verein zur Errichtung eines Bismarckturms. 1905 wurde das, mit Material aus dem nahen Wilhelmsbader Steinbruch erbaute Basaltstein-Bauwerk mit einem Festzug Hanauer Honoratioren, Vereinen und der Schuljugend feierlich eingeweiht.

Johann Reinhard III. von Hanau-Lichtenberg (1665-1736), Gemahlin Dorothea Friederike Markgräfin zu Brandenburg-Ansbach (1676–1731) | Otto Eduard Leopold von Bismarck-Schönhausen, ab 1865 Graf von Bismarck-Schönhausen, ab 1871 Fürst von Bismarck (1815-1898)

Frankfurter Tor

Bismarckturm

89

KRIEGE UND SCHLACHTEN

Dreißigjähriger Krieg | Schlacht bei Hanau

Der Dreißigjährige Krieg von 1618 bis 1648 war ein Dauerkonflikt des Heiligen Römischen Reichs und ‚Rest-Europas'. Das Haus Habsburg (Österreich, Ungarn, Spanien), das mit Unterstützung des Papstes den Kaiser stellte, kämpfte u.a. gegen das französische Königreich; die kaiserlichen Truppen der ‚Katholischen Liga' (Habsburg) gegen die Armee der ‚Protestantischen Union' (Teile Frankreichs und England, Dänemark, Schweden). 1622 plünderten kaiserliche Truppen unter General Tilly das Hanauer Land. Die Hanauer Grafen standen auf Seiten der Protestanten. Zum Schutz übergab man 1630 die Festung Hanau an die schwedischen Truppen König Gustav Adolfs, unter Leitung des schottischen Generals Jakob von Ramsay. Graf Philipp Moritz flüchtete nach Holland. Ab September 1635 belagerten kaiserlich-katholische Truppen unter General Guillaume de Lamboy Hanau. In den Mauern der Befestigung harrten Hanauer Bürger unter schrecklichen Bedingungen aus. Aus dem Umland hatten sich Tausende hierher geflüchtet. Erst im Juni 1636 konnten die Lamboy'schen Heerscharen vertrieben werden. 1638 vertrieb man unter Johann Winter auch die schwedischen Truppen samt dem zwielichtigen Ramsay.

Rund 175 Jahre später machte Hanau in der berühmten ‚Schlacht bei Hanau' von sich Reden. Nach einem Bündniswechsel Bayerns, das sich von Seiten der Franzosen auf die Seite von Österreich, Russland und Preußen schlug, strengte der bayerische General Wrede mit seinen Streitkräften ein Gefecht mit dem in der Völkerschlacht von Leipzig (16. bis 19. Oktober 1813) geschlagenen Napoleon an – um den neuen Alliierten die Ernsthaftigkeit des Bündniswechsels zu demonstrieren. Am 30. Oktober 1813 griff er am Lamboywald bei Hanau die Franzosen an, die sich allerdings ohnehin bereits auf dem Rückzug nach Westen befanden. Wrede glaubte, nur auf die Nachhut Napoleons zu treffen, doch war es die Hauptarmee. Napoleon gelang der Durchbruch durch die Truppen Wredes. Die militärisch sinnlose Schlacht, der rund 15.000 Soldaten zum Opfer fielen, war der letzte Sieg Napoleons auf deutschem Boden und ist in Paris am Arc de Triomphe verewigt.
Zuvor hatte Hanau, damals als Teil des Großherzogtums Frankfurt, sieben Jahre unter französischer Militärverwaltung gestanden. Napoleon soll 1812 im traditionsreichen Hanauer Hotel ‚Zum Riesen' genächtigt haben.

Buch-Tipp: ‚Der dreißigjährige Krieg in Hanau und Umgebung', Herausgeber: Hanauer Geschichtsverein 1844 e.V. | Tipp: Informationsvideo zur Geschichte des Dreißigjährigen Kriegs und zum Hanauer Lamboyfestunter hanau.de/freizeit/veranstaltungsreihen/lamboyfest | Hotel-Tipp: Das zentral gelegene Hanauer Hotel ‚Zum Riesen' mit rund 400-jähriger Geschichte besteht in einem Nachfolgebau noch immer: tripinn-hotels.com/zum-riesen/

Schlacht bei Hanau

SIMPLICIUS UND LAMBOYFEST

Erinnerung an eine zermürbende Zeit

Der in Gelnhausen geborene Schriftsteller Hans Jakob Christoffel von Grimmelshausen veröffentlichte um 1668 den Schelmenroman ‚Der abenteuerliche Simplicissimus Teutsch'. Er gilt als erster Abenteuerroman und wichtigstes Prosawerk des Barocks in deutscher Sprache. In dem Roman zieht Simplicius Simplicissimus durch die Lande und schildert drastisch die Verhältnisse im Dreißigjährigen Krieg – etwa die schwedische Besatzungszeit in Hanau, als die Bewohner für die einquartierten Truppen aufzukommen hatten, oder die Not während der neunmonatigen Belagerungszeit durch Lamboy. Unterhaltung, Belehrung und bittere Wahrheiten werden im Roman teils satirisch präsentiert.
Grimmelshausen wuchs bei seinem Großvater auf und besuchte die örtliche Lateinschule. 1634 erreichte der Krieg Gelnhausen, das mehrmals von katholisch-kaiserlichen Truppen verwüstet wurde. Viele Einwohner, darunter wahrscheinlich auch Grimmelshausen, flohen in die nahe gelegene Festung Hanau – ein Fundus für seinen Roman.
Später zog der Schriftsteller mit seiner Frau ins Baden-Württembergische und war als Regimentsschreiber, Gastwirt, Gutsverwalter sowie Schultheiß tätig.

Die Befreiung Hanaus von der Belagerung Lamboys 1636 → **89** wurde seit jenem Jahr alljährlich am 13. Juni mit einem ‚Buß-, Bet- und Danktag' gefeiert, – der sich später zum Lamboyfest entwickelte. Kurios dabei ist, dass Hanaus Stadtviertel und eine große Straße den Namen des feindlichen Belagerers tragen und nicht etwa den des Verteidigers Ramsay. Es war jedoch Guillaume de Lamboy, der eine neue Brücke über die Kinzig bauen ließ (heute Bundesstraße B 8). Man nannte sie im Volksmund ‚Lamboybrücke' und den Forst dahinter ‚Lamboywald'. Dort wurde ursprünglich das Fest gefeiert, das bis Ende des 18.Jahrhunderts aus dem ‚Dankes-Tag' erwuchs. Große Teile der Hanauer Bevölkerung zogen am 13. Juni mit Bollerwagen, bepackt mit ‚Randonekuchen' (Gugelhupf), Apfelwein, Decken und Stühlen zum Feiern in den ‚Lambewald'. Dort stellten auch Gastwirte ihre Zelte auf und später Schausteller ihre Fahrgeschäfte. 1986 wurde das ‚Lamboyfest' auf den Freiheitsplatz und 2003 in die Altstadt verlegt. Seither erfreut es sich als eines der ältesten hessischen Volksfeste einer großen Beliebtheit. Auch phantasievoll kostümierte Gaukler ziehen dann durch die Altstadtgassen und sorgen für gute Unterhaltung.

Buch-Tipp: ‚Der abenteuerliche Simplicissimus Deutsch – aus dem Deutsch des 17. Jahrhunderts' (Übersetzung in neuere Sprache) von Reinhard Kaiser, Verlag Die andere Bibliothek, 2018 | Tipp: Informationsvideo zur Geschichte des Dreißigjährigen Kriegs und zum Hanauer Lamboyfest unter hanau.de/freizeit/veranstaltungsreihen/lamboyfest

Gaukler auf Lamboyfest

91 IM WALD MIT DEN WÖLFEN HEULEN

Wildpark Alte Fasanerie | Forstmuseum

Der Wildpark ‚Alte Fasanerie' in Klein-Auheim gehört mit jährlich rund 200.000 Besuchern zu den attraktivsten Erholungseinrichtungen in der Rhein-Main-Region. Das Wolfsheulen, die Greifvögel-Flugschauen und vielen Tierjungen locken Jung und Alt. In großflächigen natürlichen Gehegen sind Auerochsen, Wisente, Elche, Rot-, Reh- und Damwild zu sehen ebenso wie Fuchs, Dachs, Luchs, Wildkatze und die beliebten weißen Polarwölfe. Etwa 40 Wildtierarten aus Mittel- und Nordeuropa werden hier gehalten. Zusammen mit den alten Haustierrassen aus bäuerlicher Lebensweise zählt die Menagerie rund 400 Tiere. Der Wildpark bietet ein umfangreiches Veranstaltungsprogramm, wie etwa gemeinsame Fütterungstermine, Survivaltraining, Familienführungen mit Lagerfeuer oder Märchentouren.

Das über 100 Hektar große Gelände des Wildparks befindet sich auf dem Gebiet einer ehemaligen Fasanerie. 1705 ließ der Mainzer Erzbischof Lothar Franz von Schönborn ein Jagdhaus (heute Gaststätte) in der ‚Unteren Fasanerie' errichten. 1746 wurde durch Erzbischof Karl Friedrich von Ostein südlich davon eine größere ‚Obere Fasanerie' erschlossen und mit einer Bruchsteinmauer aus Basalt umgrenzt – hier liegt heute der ‚Wildpark Alte Fasanerie'.

In den Fasanerien frönte der Adel seiner Jagdleidenschaft. Auf der fürstlichen Tafel war Fasan ein geschätztes Fleisch, daher wurden die Vögel in den Fasanerien für die Jagd gezüchtet.1803 fiel der Besitz an die Großherzöge von Darmstadt und nach dem Zweiten Weltkrieg an das Land Hessen. 1967 öffnete der Wildpark unter der Regie der Hessischen Landesforstverwaltung hier seine Pforten.

Seit 2001 befindet sich am Haupteingang der Fasanerie in einem neu errichteten Niedrigenergie-Haus das ‚Hessische Forstmuseum' und informiert über den Wald an sich und die Waldwirtschaft von der ‚Saat bis zur Ernte'. Besucher erfahren Wissenswertes zur Waldgeschichte, lernen historische Waldberufe wie Köhler, Glasmacher, Aschesieder kennen und können sich über die vergangene wie auch moderne Waldarbeit informieren. Mit Hilfe interaktiver Lernstationen wie Fühlkästen und einer Aroma-Ecke können Besucher so den Wald im Museum schon einmal informativ erkunden, bevor es weiter in den Wildpark geht. Erlebnispädagogische Veranstaltungen sowie Fortbildungen für Lehrkräfte runden das Programm ab.

Wildpark Alte Fasanerie und Hessisches Forstmuseum, Fasaneriestr. 106, 63456 Hanau.
Wildpark und Forstmuseum sind ganzjährig geöffnet. Aktuelle Öffnungszeiten und Eintrittspreise unter hessen-forst.de/freizeit/wildpark-alte-fasanerie-hanau

Polarwölfe im Wildpark Alte Fasanerie

Luchs im Wildpark Alte Fasanerie

KULTUR- UND GENUSSGÜTER DER REGION

Streuobstwiesen | Steinheimer Fischerzunft

Ohne Streuobstwiesen gäbe es keinen Apfelwein. Renetten, Parmene, Lohrer Rambour oder Schafnase sind nur einige der Apfelsorten, die hier an teils weit verstreuten Bäumen auf den Wiesen gedeihen. Durch Kriege, nasskalte Witterung oder die Reblaus ging der Weinbau in der Hanauer Region zurück und der Anbau von Obst rückte, staatlich gefördert, an seine Stelle. In den 1920er- und 30er-Jahren erreichte der Obstbau seine Hochzeit. Ab den 1950er Jahren bedrohte jedoch die zunehmende Ausdehnung der Städte die Streuobstwiesen.
In den vergangenen Jahrzehnten gelang es, die Bedeutung der Wiesen als artenreiche Biotope und Lebensraum für seltene Vogelarten wieder ins Bewusstsein der Menschen zu rücken. Die Wiesen unter den hochstämmigen Bäumen, werden von Schafherden kurz gehalten und sind Heimat für eine Vielzahl von Insekten und Pflanzen. Zwischenliegende Bienenstöcke sorgen für die Bestäubung der Obstblüte. Im nahen Maintal-Hochstadt beginnt eines der größten Streuobstwiesengebiete Hessens, das bis nach Frankfurt-Bergen reicht. In Hanau-Steinheim, als Ausgangspunkt der Apfelweinstraße, wurde etwa das Streuobstwiesengebiet am Gailenberg umfangreich rekultiviert.

In der Hanauer Region sind rund 26 verschiedene Fischarten im Main fischbar. Dafür sorgt auch die Steinheimer Fischerzunft, die 1425 per kurmainzer Verordnung von den Orten Steinheim, Auheim und Dietesheim gegründet wurde. Das Gebiet der hierin vereinigten Mainfischer erstreckte sich von Seligenstadt bis Offenbach-Bürgel sowie – auf der anderen Flussseite – von Kahl bis zur Offenbacher Schleuse. Der Genuss von Fisch war ein wichtiger Beitrag zur Versorgung der Bevölkerung und auch an den kirchlichen Feiertagen erlaubt. Mit der Industrialisierung und Verschmutzung der Gewässer ging ein Niedergang der Fischerei einher. Heute sorgen Kläranlagen für besseres Wasser und Fischgänge an Schleusen sowie geschützte Laichplätze wie der Steinheimer Altarm des Mains ermöglichten den Fischen die Rückkehr in alte Lebensräume. Für den Fischbesatz mit Aal, Karpfen und Co. sorgt die Steinheimer Fischerzunft, darunter Olaf Adam, einer der letzten Nachkommen einer Fischerfamilie, der noch heute im Nebenerwerb fischt. Die Zunftmitglieder vermitteln Wissen über die Fischerei und den Umgang mit Wurfgarn und Fischerboot. Zu diversen Anlässen demonstrieren sie ihre Fertigkeiten und bieten Mainfisch zum Verzehr.

---

maintal.de/Stadtentwicklung/streuobstwiesen | Landschaftspflegeverband Main-Kinzig-Kreis e.V.: lpv-mkk.de/streuobst | hanau.de/stadtentwicklung/schutzgebieteundartenschutz/arten_und_biotop/Streuobstwiesen | Fischerzunft e.V. Steinheim am Main, Bruchköbel-Oberissigheim, Kontakt@fischerzunft-steinheim.de, fischerzunft-steinheim.de. Das Zunftgelände liegt am Nachenhafen in Steinheim.

Streuobstwiesen Gailenberg

Olaf Adam (links) und seine Kollegen bei der Mainfischerei

93 AUSFLUG INS STADTGRÜN

Von Hanauer Buben, Umwelt & Freiluftkultur

Mitten in Hanau gibt es grüne Ecken, die zum Entspannen, Staunen oder zur Fitness einladen. Nimmt man nordöstlich der Innenstadt die Fußgänger- und Radbrücke an der Rühlstraße und biegt rechts ab, gelangt man direkt in das Naherholungsgebiet der Kinzigauen. Linker Hand, gleich nach der Bahnbrücke, liegt das Umweltzentrum Hanau. Es entstand 2002 im Zuge der Landesgartenschau und informiert heute mit Programmen wie dem ‚Grünen Klassenzimmer' für Schulen und Kitas sowie mit zahlreichen Veranstaltungen zu den Themen Umwelt und Nachhaltigkeit. Im interkulturellen ‚Welt-Stadt-Garten-Hanau' baut man Gemüse und Obst aus aller Welt an und kocht daraus gemeinsam Gerichte.
Wer schon jetzt Hunger verspürt, fährt weiter auf dem Kinzigdamm Richtung Osten und nimmt linker Hand über die August-Schärttner-Straße den Weg zum Hanauer Stadtviertel ‚Tümpelgarten', das zum Bezirk Lamboy gehört. Auf dem verwunschenen Vereinsgelände der ‚Hanauer Aquarien- und Terrarienfreunde' entstand 1913 eine Gartenanlage mit viel Wasser und Grün. Am Wochenende kann der 1929 erbaute Schauraum mit den Süß- und Meerwasseraquarien besucht werden. Gleich nebenan befindet sich die Vereinsgaststätte ‚Hanauer Bub'. Das Team um Martin Loos bietet hier eine „ehrlisch Hessisch Küsch" und frisch zubereitete Speisen. Im zugehörigen Biergarten kann man die Natur genießen, während man sein Feierabendbier trinkt.
Wer noch weiter radeln möchte, kehrt auf den Kinzigdamm zurück und setzt den Weg gen Osten fort. Nach einigen Metern entlang einer Kleingartenanlage biegt man scharf rechts ein und gelangt zum ‚Licht- und Luftbad Hanau e.V.': Auf einer in der Kinzig liegenden Insel hat sich der Verein niedergelassen, den ursprünglich Anhänger des Heilkundlers Vincenz Prießnitz bereits 1893 für eine Reformbewegung gründeten. Als Antwort auf schlechte Wohn- und Arbeitsverhältnisse der damaligen Zeit setzte man auf gesunde Ernährung und Freikörperkultur. 1908 entstand ein erstes ‚Licht- und Luftbad' im Mainknie auf der Steinheimer Seite, später die ‚Badeanstalt Kinzigbad'. 1961 zog man auf das heutige Gelände und ein Sportangebot kam hinzu. Zentrum ist der idyllische Biergarten auf der Wiese.
Von hier aus kann man durch die romantische Waldauenlandschaft der Bulau bis zum Erlensee radeln und sogar die Wasserbüffel in Rückingen besuchen → **95**.

Umweltzentrum Hanau, Philipp-August-Schleissner-Weg 2, hanau.de/umweltzentrum | Hanauer Aquarien- und Terrarienfreunde 1909 e.V. + Gaststätte Hanauer Bub, Am Tümpelgarten 21 a, hanauer-bub.de, Tipp: Öffnungszeiten ‚Haus der Zierfische' So 11-13 Uhr | Licht- und Luftbad Hanau e.V./facebook, August-Schärttner-Str. 19 a , Tipp: Beachvolleyplatz und Vereinsgaststätte sind mietbar. | alle 63452 Hanau | Radwege siehe Übersichtskarte Buch

Licht- und Luftbad Hanau

Welt-Stadt-Garten Umweltzentrum

Biergarten Hanauer Bub

ESSEN UND TRINKEN IM GRÜNEN

Obst- und Gemüsehof Wurbs | Wirtshaus am See

Mitten im Grünen und doch ganz in der Nähe liegt der Obsthof Wurbs. Am südlichen Rand von Klein-Auheim laden naturnahe Spazierwege, Wander- und Radwege zu einem Ausflug ins Grüne ein. Zwischen Gemüsefeldern, Obstplantagen und Streuobstwiesen findet man den Hof der Familie Wurbs. Was mit einer sommerlichen ‚Straußenwirtschaft' begann, fand in der seit 2018 ganzjährig geöffneten Gastwirtschaft einen Höhepunkt. Aus dem ehemals gemischten Landwirtschaftsbetrieb mit Viehhaltung machten die Wurbs in den letzten Jahren einen auf Obst- und Gemüseanbau spezialisierten Hof und servieren hier heute von Spargelspezialitäten, über Erdbeertorte bis zu hausgemachtem Apfelkuchen deutsche Küche direkt vom Feld. Die Produkte können zudem im Hofladen und seit 2022 auch im Rahmen einer ‚Solidarischen Landwirtschaft' im Abo erworben werden. Sohn Alexander Wurbs, der die Leitung des Hofes übernommen hat und mit Leidenschaft auch keltert, bietet im Laden zudem Apfelwein, Apfelsecco oder Erdbeersecco an. Auch hausgemachte Suppen, Soßen und Fruchtaufstriche gibt es. Gern besucht werden auch das alljährliche Spargel-, Apfel- oder Kürbisfest.

Wer einen Ausflug ins nahe Bayerische nicht scheut und gerne ein Glas Bier trinkt, der ist im ‚Wirtshaus am See' goldrichtig. Mitten im Wald und direkt am Großkrotzenburger See liegt das Kleinod des Hanauer Gastronomen und Caterers Christian Holle. Die verschiedenen Räumlichkeiten beherbergen eine gemütliche ‚Gaststube' mit Außenterrasse, eine ‚Schwemme' in der die Gäste mitten im Geschehen sitzen und die Theke voll im Blick haben oder das ‚Kolleg' mit seiner langen Tafel für die Stammtischrunden. Blickfang ist der idyllisch am See gelegene Paulaner-Biergarten. Serviert werden zünftige Speisen mit kreativem Pfiff vom Backhendlsalat bis zur knusprigen Grillhaxe mit original Bayrisch-Kraut, aber auch vegetarische Gerichte wie Käseknödel mit Salbei und Pinienkernen oder Veggie-Burger. Veranstaltungen wie das Oktoberfest, das in einem extra errichteten ‚Wies'nzelt' zünftig gefeiert wird, oder Eisstockschießen komplettieren das Angebot. Mit der ‚Hannibal Bride Lounge' und dem ‚Hannibal Landhaus' in Nidderau unterhält Holle, ehemaliger Betreiber des Biergartens am Hanauer Schlossgarten, weitere Betriebe in der Hanauer Umgebung.

Obst-und Gemüsehof Wurbs, Speckweg 23, 63456 Hanau, Öffnungszeiten Hofladen Di-Fr 9-18 Uhr, Sa 9-14 Uhr, So 12-17 Uhr, Restaurant Mi-Do 9-18 Uhr, Fr-So 9-20 Uhr, wurbs-hanau.de | Wirtshaus am See, Emmerichshofen 3, 63796 Kahl, Öffnungszeiten Winter Mo-Sa 16-23 Uhr, So+Feiertage 11-23 Uhr, Sommer Mo-Di 15-01 Uhr, Mi-So 11-01 Uhr, Wiesn Zelt Mo-Sa 16-22 Uhr, So+Feiertage 11-22 Uhr, wirtshaus-kahl.de

Obsthof Wurbs

Wirtshaus am See, Kahl

95 TIERISCHER NATURSCHUTZ

Przewalski-Pferde | Wasserbüffel

Als 2008 die letzten US-Einheiten vom Standort in Wolfgang abzogen, hinterließen sie ein ca. 100 ha großes Übungsgelände, das die Infanterie mit schwerem Gerät umgepflügt hatte. Ein künstlicher Teich hatte ihnen für Brückenbauübungen gedient. Auf dem als ‚Campo Pond' bezeichneten Gebiet entwickelte sich bald eine Art Steppenvegetation und Wald, ein Biotop, das besonders gut als Lebensraum für ein spezielles Zuchtprogramm geeignet ist: das der Przewalski-Pferde. Namensgeber Nikolai Przewalski entdeckte die einzig erhaltene Unterart des Wildpferdes 1878 auf einer zentralasiatischen Expedition. Die letzten, im Widerrist nur 140 cm hohen Tiere in freier Wildbahn wurden 1969 in der Mongolei gesichtet. Heute werden die in Semi-Reservaten wie dem ‚Campo Pond' gezüchteten Fohlen unter Federführung des Europäischen Erhaltungszucht Programms (EEP) wieder in der Mongolei ausgewildert.

Im dem Naturschutzgebiet leben aber nicht nur Przewalski-Pferde, sondern auch über 100 Vogelarten, Füchse, Fledermäuse, Insekten und Amphibien, die auf einem Pirschpfad in den Führungen und Seminaren des Umweltzentrums Hanau entdeckt werden können.

Seit 2011 erfreut eine Wasserbüffelherde mit etwa zehn Tieren die Besucher eines Naturschutzprojekts in Erlensee-Rückingen. Ursprünglich sind die Büffel in Asien beheimatet und leisten dort etwa Zug- und Anspanndienste. Siegfried und Veit Leinberger holten die Tiere 2004 nach Kefenrod im Vogelsberg und etablierten eine erste Wasserbüffelfamilie. Der Wasserbüffel liebt – wie der Name es andeutet – Feucht- und Nassgebiete. Davon gibt es in den Rückinger Weidewiesen an der Kinzig genug. Gemeinsam mit dem Forstamt Hanau-Wolfgang entwickelte man das Projekt, das der Rückgewinnung der Artenvielfalt in dem zur Einseitigkeit neigenden Sumpf-Wiese-Waldgebiet in Rückingen dient. Denn Wasserbüffel, die mit ihren breiten Hufen kaum einsinken, fressen auch das verbreitete Schilf und die Binsen im Sumpf; gut 30-40 Kilo Grünzeug brauchen die Tiere täglich. Eine Besucherplattform gewährt einen guten Blick aufs gehörnte Schwarzvieh. Im April strömen die Freunde der Wasserbüffel zum Auftrieb – der per Fahrzeug bewerkstelligt wird. Im November feiert man den Abtrieb mit einem Fest in Erlensee. Zur Überwinterung leben die Tiere in den Ställen des Landwirts im Vogelsberg.

Przewalski-Pferde am Campo Pond: Führungen und Seminare über Umweltzentrum Hanau, Philipp-August-Schleissner-Weg 2, 63452 Hanau, umweltzentrum@hanau.de, hanau.de/umweltzentrum | hessen/wasserbueffel-erlensee und regionalpark-rheinmain.de/wasserbueffel-erlensee

Przewalskipferde auf dem Campo Pond

Wasserbüffel auf der Wiese

96 BULAU UND KINZIG

Ausgangspunkt für Wander- und Radtouren

Die Bulau, ein Auenwäldchen, dessen Namensursprung bis heute nicht geklärt ist, liegt im unteren Kinzigtal nordöstlich zwischen Hanau und der Gemeinde Erlensee. Hier mäandert das Flüsschen Kinzig idyllisch in naturnahem Lauf zwischen schattigen Bäumen, sanften Hügeln und diversen Altarmen. Die rund 600 ha sind geprägt von regelmäßigen Überschwemmungen der Kinzig und der Lache, einem kleinen, langsam fließenden Gewässer. Etliche Bäume sind über und in die Kinzig gestürzt und verleihen dem naturbelassenen Wald, der in weiten Teilen als ‚Fauna-Flora-Habitat' geschützt ist, eine wilde Romantik. Im Frühjahr gleichen die blühenden Wiesen des Bärlauchs und des Wiesenschaumkrauts einem weißen Teppich. Biber, Bisam und Nutria sind hier ebenso zu finden wie die Rotwangen-Schildkröte, eine ausgesetzte, nicht heimische Art, oder Komorane und Graureiher. Eine Bootsfahrt auf der Kinzig lässt die Stadt hier weit entfernt erscheinen → **6**. Mit den ufernahen Anlagen der Hessischen Landesgartenschau 2002 wurde der Zugang zum Fluss für die Bevölkerung verbessert. Hier lässt sich die Natur ebenso erleben wie auf den vielen Wanderwegen.

Die Bulau kann auch als Ausgangspunkt für ausgedehnte Radtouren in das Kinzigtal dienen. Durch Hanau führt an Main und Kinzig entlang der hessische Radfernweg ‚R3', der dem 86 km langen Weg der Kinzig bis zu ihrer Quelle in Sterbfritz folgt. Alternativ zum offiziellen Routenabschnitt entlang der B8, ist es möglich, die reizvollen Wege durch die Bulau zu nehmen. Am Erlensee ist der Anschluss an den ‚R3' wieder möglich. Im weiteren Verlauf passieren Radfahrer auf dem ‚R3' den Ort Langenselbold, die Fachwerkstadt Gelnhausen und Wächtersbach. Entlang der Kinzig gelangt man nach Bad Soden-Salmünster mit seinen ‚Spessart Thermen'. Am Kinzig-Stausee vorbei geht es weiter – die Ausläufer des Vogelsbergs links und die Spessarthügel rechts im Blick – bis nach Steinau a.d. Straße mit dem ‚Brüder-Grimm-Haus' und Schloss Steinau. Weiter geht es nach Schlüchtern, im Herzen des Kinzigtals. Hier verlassen Radfahrer den ‚R3' und fahren über Vollmerz bis nach Sannerz. Dort geht es auf dem Radweg bis nach Sterbfritz und – den Hinweisen ‚Zur Kinzigquelle' folgend – bis zum Ziel, den in Stein gefassten Quellbrunnen. Von Sterbfritz gibt es eine Bahnverbindung zurück nach Hanau.

Radwege siehe Übersichtskarte Buch | www.radroutenplaner.hessen.de

97

DIETESHEIMER SEEN

Canyon zwischen Mühlheim und Steinheim

Eine gewisse Assoziation zu den Canyons in Nordamerika kann schon aufkommen beim Anblick der felsigen Steilwände: Auf einem Gebiet zwischen Steinheim und Dietesheim füllten sich nach Beendigung des Basaltabbaus 1982 die hier gelegenen ehemaligen Steinbrüche mit Grundwasser – und bildeten eine einzigartige Naturlandschaft. 22 ha Wasserfläche verteilen sich auf sieben Seen, von denen der Vogelsberger und der Grüne See die bekanntesten sind. Mit über 2.000 Baum- und Strauchpflanzungen renaturierte man das Gelände in den letzten 40 Jahren, das etwa Eisvögeln, Reihern und Zwergtauchern eine Heimat bietet. Im Sommer tummeln sich Radfahrer und Spaziergänger an den teils unzulänglichen Ufern der Seen, an denen ein Badeverbot gilt. Schönster Aussichtspunkt in die Wasserschluchten und ein Highlight des Rundgangs ist die ‚Teufelsbrücke' zwischen Oberwaldsee und Vogelsberger See.

Der Basaltabbau hat in Hanau und Umgebung eine lange Tradition. Vor über 15 Millionen Jahren ergossen sich Lavaströme aus dem Vogelsberg bis ins Maintal. Als Erstarrungsprodukt entstand Basaltgestein, das auch als ‚Main-Trapp' bezeichnet wird. Auf einem der so entstandenen Basaltrücken steht etwa das Steinheimer Schloss → **70**.
Der Basalt wurde in großem Stil in Steinheim und Dietesheim, aber auch in Wilhelmsbad abgebaut. Bis heute prägt dieses Material das Hanauer Stadtbild. Aus Basalt wurden Wohnhäuser gebaut, Straßen gepflastert, Schotter für Eisenbahngleise aufgeschüttet und die kilometerlangen Mauern um die beiden Hanauer Fasanerien errichtet. Der Wilhelmsbader Basalt wurde für die Pyramide und den Bismarckturm im Park Wilhelmsbad verwendet.
1862 gründete die im 17. Jahrhundert aus der Champagne nach Steinheim eingewanderte Familie Rousselle eine Steinbruchfirma. 1906 wurden die ‚Vereinigten Rousselle'schen Basaltwerke' zur ‚Aktiengesellschaft Mitteldeutscher Hartstein-Industrie', kurz ‚MHI', umgewandelt, die seit 1995 wieder in Steinheim einen Sitz hat. Heute baut die Firma Natursteine aus Basalt, Granit oder Kalkstein in ganz Mitteldeutschland ab oder recycelt sie.
Das imposante – freilich aus Basalt bestehende – Familiengrab Zichner-Rousselle im Stil antiker Ehrenbänke befindet sich auf dem Hanauer Hauptfriedhof.

Dietesheimer Seen, u.a. erreichbar über Dietesheimer Straße/B43/Südring, 63165 Mühlheim am Main, muehlheim.de/steinbrueche | Gastro-Tipp: Zum Grünen See Eck, Am Hansteinweiher 75, 63165 Mühlheim am Main, Di-So 11-21 Uhr | Mitteldeutsche Hartstein-Industrie AG, mhigruppe.de/unternehmensgeschichte

98 MIT DEM RAD UNTERWEGS

Die Fachwerk-Orte Hochstadt und Seligenstadt

In nur etwa 30 Minuten ist das kleine Fachwerkörtchen Maintal Hochstadt mit dem Rad zu erreichen. Entlang des historischen Kurparks Wilhelmsbad und durch den Hanauer Ortsteil Hohe Tanne führt der Weg über die Hochstädter Landstraße bis zum Hochstädter Berg. Wahrzeichen des Ortes ist das Obertor von 1589 als Teil einer mittelalterlichen, noch vielfach erhaltenen Ringmauer. Gleich daneben befindet sich die Kirche St. Kilian aus dem 12. Jahrhundert, deren Kirchturm einst als Wehrturm diente. Die mit Kopfstein gepflasterte verkehrsberuhigte Hauptstraße wird von hübschen Fachwerkhäusern gesäumt. Hier befinden sich das Heimatmuseum, Gaststätten und ein Café. Im Alten Rathaus von 1683 logiert eine ‚Ebbelwei-Schänke'. In Hochstadt, das Teil der ‚Deutschen Apfelweinstraße' ist, hat zudem die älteste Apfelweinkelterei Deutschlands, die Kelterei Höhl, ihren Sitz. Gleich hinter dem Ort erstrecken sich die weitläufigen Streuobstwiesen für den Apfelweinausbau in der ‚Hartig'. Seit 1987 betreibt hier auch ein engagierter Winzerverein den Rot- und Weißwein-Anbau und mit den historischen Romanen von Patrick Weber ist Hochstadt sogar in Buchform erlebnisreich verewigt.

Auch Seligenstadt lässt sich mit einer Tagestour per Pedales bestens erkunden. Die rund 30 km lange Strecke legt man auf dem insgesamt gut 500 km umfassenden ‚Main-Radweg' zurück, der zu den beliebtesten Flusswanderwegen Deutschlands gehört. Auf Steinheimer Seite gelangt man darauf bis in die hübsche Altstadt, die mit 177 denkmalgeschützten Fachwerkhäusern und einem Kloster lockt. Seligenstadt war in karolingischer Zeit von großer Bedeutung und wurde auf den Trümmern eines römischen Kastells errichtet. Die schriftliche Ersterwähnung geht auf die Schenkung des frommen Ludwigs I. an Einhard zurück, einen fränkischen Laienabt und Biograf Karls des Großen. 815 begründete Einhard hier ein Benediktinerkloster. Als man 828 römische Gebeine zweier Märtyrer in den Ort brachte, wurde er zum vielbesuchten Wallfahrtsort – und aus ‚Obermühlheim' wurde Seligenstadt. Bei einem ‚Hoftag' 1188 weilte hier sogar Kaiser Friedrich Barbarossa. Zahllose Restaurants und Cafés laden zum Verweilen ein. Ein Tipp ist das etwas entfernt am Bahnhof liegende ‚Klein's Brauhaus'. Im Biergarten gibt es hier selbstgebrautes Bier und gutbürgerliche Küche zu moderaten Preisen.

Gastro-Tipp Hochstadt: Brauerei und Schankwirtschaft Schalander, Bischofsheimer Str. 13, hochstaedter-landbier.de | Café und Eismanufaktur Pearson & Puppe, Hauptstr. 44 , pearson-puppe.com / Ristorante Goldene Krone, Gastgarten im Innenhof, Hauptstr. 18, krone-maintal.weebly.com | Heimatmuseum Hochstadt, Hauptstr. 9, heimat-museum-maintal.de | ersterhochstaedterwinzerverein.de | alle 63457 Maintal | seligenstadt.de/tourismus/stadtfuehrungen-und-radtouren | Radwege siehe Übersichtskarte Buch

Obertor Hochstadt

Einhard Haus Seligenstadt

99 REGIONALPARK RHEIN-MAIN

Wege zum Radeln und Spazieren

Im Juni 2016 wurde der Mainuferweg als Teil des ‚Regionalparks Rhein-Main‘ von Hanau nach Dörnigheim um eine weitere Station ergänzt. Ein stilisiertes Haus aus Cortenstahl überdacht ein altes gusseisernes glockenförmiges Kammrad. Es ist ein Relikt der regionalen Industriekultur und stammt aus dem ehemaligen Flusskraftwerk Kesselstadt. Eine Bürgerinitiative setzte sich für den Erhalt des Gebäudes und eine kulturelle Nutzung ein, konnte aber den Abriss 1988 nicht verhindern.

Zwischen 1914 und 1921 entstanden im Zuge der Regulierung und dem Ausbau des Mains zur Wasserstraße drei baugleiche Flusskraftwerke mit Staustufen und Schleusen bei Großkrotzenburg, Kesselstadt und an der Mainkur. Aufgrund ihrer Bauweise mit ihren langgestreckten Turbinenhäusern und den davor gesetzten Turmbauten wurden sie im Volksmund auch als ‚Kirchen im Fluss‘ bezeichnet. Mittels gewaltiger Turbinen wurde die Wasserkraft an Generatoren abgegeben, die 1,7 Megawatt Strom erzeugten. Das glockenförmige Kammrad war ein Bestandteil dieser Technik. Die Gestaltung des Denkmals der Industriekultur erfolgte durch den Maintaler Architekten Thomas Seipel.

Attraktionspunkte wie diese Relikte der hessischen Industriekultur sollen die Freiflächen zwischen den Siedlungen als Erlebnisraum und zur Erholung für die Menschen sichern. Sie flankieren die Fuß- und Radwege des ‚Regionalparks Rhein-Main‘, dessen geplantes Routennetz Stück für Stück erschlossen wird. Mit insgesamt 1.250 km Länge soll es sich dereinst vom ‚Frankfurter Grüngürtel‘, dem Herzstück des Regionalparks, westlich bis nach Rüdesheim im Rheingau, nördlich bis in die Wetterau und vom Hessischen Ried im Süden bis weit in das Kinzigtal nach Osten erstrecken.

Die Wege sind gut ausgeschildert und leicht zu Fuß oder mit dem Fahrrad zu bewältigen. Auf der Webseite regionalpark-rheinmain.de sind bereits zahlreiche Routen abrufbar.

Auf der Tour ‚Grüner Ring Hanau‘ etwa kann man Hanaus grüne Seiten entdecken. Die 60 km rund um die Stadt verbinden 13 Naturschutzgebiete und Fauna-Flora-Habitate. Entlang des mit einem grünen Ring beschilderten Weges befinden sich Erholungspunkte und Sehenswürdigkeiten wie etwa die Ausgrabungen eines römischen Kastellbads in Rückingen oder der Staatspark Wilhelmsbad.

Grüner Ring Hanau: Radweg siehe Übersichtskarte Buch, Infos auch hanau.de/Umweltzentrum | regionalpark-rheinmain.de/routen und touren, Tipp: Route Hohe Straße | Wissenswert: Die ‚Route der Industriekultur Rhein-Main‘, Abschnitt Hanau, erschließt Denkmäler der Industriegeschichte wie Schleusen und Wasserkraftwerke am Main, Informationen unter krfrm.de/projekte/route-der-industriekultur

Kirche im Fluss

ABBILDUNGSNACHWEIS | KAPITEL

TITELCOVER Mosaik v.l.n.r. → siehe Kapitel: 2, 3, 4, 6, 43, 8, 12, 14, 17, 17, 69, 32, 50, 92, 56, 61

1. **ALLER ANFANG** CC
2. **HANAUER NEUSTADT** CC
3. **FREIHEITSPLATZ** CC
4. **DIE BRÜDER GRIMM** © havelbooks
5. **BUNTE VIELFALT IN DER EINHEIT** oben links: Oberlausitzerin64, Wikimedia Commons, Lizenz CC BY-SA 4.0, oben rechts: Klein-Auheim: Frank Murmann, Wikimedia Commons, CC BY-SA 4.0, Lamboy, unten links: © havelbooks, Unten rechts: Wolfgang: E-W, Wikimedia Commons, CC BY-SA 4.0
6. **LEBEN AM FLUSS** CC
7. **ALTSTÄDTER MARKT** © havelbooks
8. **SPEZIALITÄTEN UND FEINKOST** oben links: Brasini Caffé Bar, oben rechts und unten: © havelbooks
9. **MARKTTREIBEN** © havelbooks
10. **HANAU AUFLADEN** oben links, rechts, unten: © havelbooks
11. **HANAUER EVERGREENS** oben, unten links, rechts: © havelbooks
12. **ZWEI MAL WEIN & EINKEHR** oben: © havelbooks, unten links, rechts: Zur alten Scheune
13. **HISTORISCHES & EIN GRAUBURGUNDER** Hanauer Geschichtsverein 1844 e. V. (HGV)
14. **APEFELWEIN – EIN KÖSTLICH' STÖFFSCHE** oben, unten: Theomas Seifert
15. **FEINE SPIRITUOSEN** oben links: François GmbH, oben rechts: @apfeltau, unten: Foto Bootshaus Studio, Lars Contzen
16. **CAFÉS & CO.** oben , unten links, rechts: © havelbooks
17. **ORTE ZUM VERWEILEN** oben: CC, unten links, rechts: © havelbooks
18. **DAS BROCKENHAUS** © Brockenhaus
19. **RESTAURANTS & CO.** oben links, rechts, unten rechts: © havelbooks, unten links: Ruderei
20. **ZÜNFTIG GENIEẞEN & MEHR** oben links Luis Kannengiesser, oben rechts: © havelbooks, unten: Staanemer Braukunst
21. **BARS & CO.** oben links, rechts, unten: © havelbooks
22. **JAZZKELLER HANAU** © havelbooks
23. **SWINGIN' SIXTIES IN HANAU** oben: Daniel Siebert, unten links, rechts: Leslie Link
24. **IM GITARRENHIMMEL** Jazz Club Hanau e.V.
25. **MUSIK AUS HANAU** oben links: Nashi Young Cho, oben rechts: Ondro, unten links oben: Arif Türkmen, unten links unten: Carsten Riedel, unten rechts: United Power Fields
26. **MUSIK UND THEATER** oben: Christian Palm, unten: Hanauer Volksbühne e.V.
27. **ES WAR EINMAL ...** © havelbooks
28. **KULTUR FÜR JUNGE MENSCHEN** oben: PHM, unten: © Jung & Abgedreht
29. **FESTE FEIERN** Medienzentrum Hanau-Bildarchiv
30. **MEDIEN** oben, unten links: © havelbooks, unten rechts: Hanauer Anzeiger
31. **LESEN** oben links: © Jutta Wilke, oben rechs: Alice Gebhardt, unten links: Matthias Fischer, unten rechts: Patrick Weber
32. **ALTE JOHANNESKIRCHE UND NEUES LEBEN** © havelbooks
33. **OLOF-PALME-HAUS** Film- Foto- Videoclub Hanau e.V., Peter Steiner
34. **ALTERNATIVE KULTURZENTREN** oben links, rechts und unten: © havelbooks
35. **SPORT, SPORT, SPORT** TGH Jumping Swans bei der DMM 2022, Archiv TG Hanau
36. **İŞTE EVIMIZDEYIZ!** Ahmadiyya Muslim Jamaat Hanau
37. **DER ANSCHLAG 19. FEBRUAR 2020** Initiative 19. Februar Hanau
38. **JÜDISCHES LEBEN IN HANAU** oben: Jüdische Gemeinde/MZHU Bildarchiv, unten: Jüdische Gemeinde
39. **KUNSTSZENE** © havelbooks
40. **VOLLE PACKUNG KULTUR** Maria Dorn
41. **KREATIV SEIN IN HANAU** oben: ehem. Künstlermarkt mit Künstlergruppe Palette, Foto: micel, unten: Baugesellschaft Hanau GmbH
42. **FABELHAFTE ANSICHTEN** oben: Rautie, unten: Holger Kliem
43. **DEUTSCHES GOLDSCHMIEDSHAUS** © havelbooks
44. **STAATLICHE ZEICHENAKADEMIE** © havelbooks
45. **STUDIEREN, BILDEN & BEGEGNEN** oben: BGBA Hanau, unten: Anna Lenhard
46. **SCHMUCK FÜR KÖRPER UND RAUM** © Made in Hanau
47. **SCHÖNES AUS EDLEM METALL** oben: Christopher Willner, unten: Lappalainen
48. **WAHRE ERLEUCHTUNG** oben: Christos Vittoratos, Wikimedia Commons, CC BY-SA 3.0, unten: © havelbooks
49. **PRODUKTDESIGN GESTERN & HEUTE** Foto Bootshaus Studio, Lars Contzen
50. **SCHLOSS PHILIPPSRUHE** © havelbooks
51. **BEGEHRTE KOSTBARKEITEN** oben: Reinhard Dietrich, CC0, via Wikimedia Commons, unten: © havelbooks

52. **EIN STÜCK INDUSTRIE- UND KUNSTGESCHICHTE** oben: © havelbooks, unten: Weidenkorb, Issak Soreau, public domain, Wikimedia Commons
53. **HANAUS BERÜHMTE MALER** oben: Familie Michael Fellner, Anton Wilhelm Tischbein, Public domain, via Wikimedia Commons, unten: Medienzentrum Hanau-Bildarchiv
54. **ZWEI UNVERGESSENE PERSÖNLICHKEITEN** oben: CC, unten: Adolph Freiherr Knigge (1752-1796), Users Webmaster@sgovd.org, AxelHH on de., Public domain, via Wikimedia Commons
55. **PHILIPP LUDWIG II.** © havelbooks
56. **WALLONISCH-NIEDERLÄNDISCHE KIRCHE** © havelbooks
57. **WISSENVERMITTLUNG DAMALS & HEUTE** oben: © havelbooks, unten: Wetterauische Gesellschaft für die gesamte Naturkunde zu Hanau, gegründet 1808 e. V.
58. **WILHELM IX.** Wilhelm IX., Landgraf v. Hessen-Kassel, Anton Wilhelm Tischbein, Public domain, via Wikimedia Commons
59. **HISTORISCHE KURANLAGE WILHELMSBAD** © havelbooks
60. **VERGNÜGEN IN WILHELMSBAD** © havelbooks
61. **DAS KARUSSELL IN WILHELMSBAD** Förderverein für das Karussell im Staatspark Hanau-Wilhelmsbad e.V./Stefan Bahn
62. **SPORT & FREIZEIT WILHELMSBAD** oben: Golf Club Hanau-Wilhelmsbad e.V./Dieter Hoffmann, unten: © havelbooks
63. **HERRLICHES VERGNÜGEN** oben: Dontworry, Wikimedia Commons, CC BY-SA 3.0, unten: Tiefenschaerfe, Wikimedia Commons, CC BY-SA 4.0
64. **FRIEDRICH CASIMIR** Johann David Welcker, Public domain, Wikimedia Commons/Staatl. Kunsthalle Karlsruhe, Allegorie auf die Erwerbung von Surinam durch den Grafen Friedrich Kasimir von Hanau 1669, Johann David Welcker (1670/1676)
65. **MARIENKIRCHE** Stefan Lotz
66. **FRIEDHÖFE** oben: CC, unten: Lumpeseggl, Wikimedia Commons, CC BY-SA 4.0
67. **SCHLOSSGARTEN OHNE SCHLOSS** CC
68. **ALT-KESSELSTADT** © havelbooks
69. **STEINHEIM** © havelbooks
70. **SCHLOSS STEINHEIM** CC
71. **DIE RÖMER IN HANAU** © havelbooks
72. **STEINHEIMER KREUZWALLFAHRT** Kreuzwallfahrt Mai 2022, © Sabrina Hein /Kirchengemeinde St. Nikolaus, Steinheim
73. **GROẞAUHEIM** oben: Georg DerReisende, Wikimedia Commons, CC BY-SA 4.0, unten: Foto Bootshaus Studio, Lars Contzen
74. **MUSEUM GROẞAUHEIM** Medienzentrum Hanau-Bildarchiv
75. **ZWEI BERÜHMTE GROẞAUHEIMER** oben: HH1946 August Gaul, CC BY-SA 4.0, via Wikimedia Commons, unten: El. -(Bardo), CC BY-SA 3.0, via Wikimedia Commons
76. **DIE MUSEUMSEISENBAHN** Museumseisenbahn Hanau e.V./Peter Karl
77. **KLEIN-AUHEIM** Frank Murmann, Wikimedia Commons, CC BY-SA 4.0
78. **RADWERK** HGV Klein-Auheim
79. **MITTELBUCHEN** © havelbooks
80. **INDUSTRIEPARK WOLFGANG** © Evonik
81. **ST. WOLFGANG** Haselburgmüller, Wikimedia Commons , CC BY-SA 3.0
82. **MILITÄRSTANDORT HANAU** © havelbooks
83. **HERAEUS** © Heraeus
84. **REIFEN, BÄLLE UND MATRATZEN** Oberlausitzerin64, Wikimedia Commons, CC BY-SA 4.0
85. **DIE WOLFSPFOTE** Masud Begullo
86. **SPUREN DES LEINZUGS** Rhetos, CC0, via Wikimedia Commons
87. **GARTENSTADT UND KLASSISCHE MODERNE** oben: CC, unten: © havelbooks
88. **HISTORISCHE BAUWERKE** oben, unten: © havelbooks
89. **KRIEGE UND SCHLACHTEN** Beschiessung der Vorstadt, Konrad Westermayr, Public domain, via Wikimedia Commons
90. **SIMPLICIUS UND LAMBOYFEST** Medienzentrum Hanau-Bildarchiv
91. **IM WALD MIT DEN WÖLFEN HEULEN** oben: Rainer Prause, unten: 4028mdk09 via Wikimedia Commons, jeweils aufgenommen im Wildpark Alte Fasanerie Klein-Auheim
92. **KULTUR- UND GENUSSGÜTER DER REGION** oben Ho.baier, CC BY-SA 3.0, unten: Fischerzunft Steinheim e.V./Olaf Adam
93. **AUSFLUG INS STADTGRÜN** oben: © havelbooks, unten links: © Umweltzentrum, unten rechts: © Hanauer Bub
94. **ESSEN & TRINKEN IM GRÜNEN** oben: Obst und Gemüsehof Wurbs, unten: © Holle – The Food Group
95. **TIERISCHER NATURSCHUTZ** oben: Medienzentrum Hanau-Bildarchiv, unten: Myrmux, Wikimedia Commons, CC BY-SA 4.0
96. **BULAU UND KINZIG** © havelbooks
97. **DIETESHEIMER SEEN** E-W, Wikimedia Commons, CC BY-SA 3.0
98. **MIT DEM RAD UNTERWEGS** oben: © havelbooks, unten: Tilman2007, Wikimedia Commons, CC BY-SA 4.0
99. **REGIONALPARK RHEIN-MAIN** CC

DANKSAGUNG

Wir bedanken uns ausdrücklich für die Unterstützung durch den Hanauer Geschichtsverein 1844 e.V. (HGV) und hier insbesondere für die wertvolle Arbeit des 1. Vorsitzenden Michael H. Sprenger. Außerdem bedanken wir uns für die Möglichkeit, das Bildportal des Medienzentrums Hanau/Bildarchiv teilweise nutzen zu können. Wir danken allen Personen und Institutionen, die in unserem Buch vorkommen, die engagiert mitgemacht und uns in der einen oder anderen Weise unterstützt haben.

havelbooks